DIANWANG MENGXIN QIYE WENHUA WENDA SHOUCE

电网萌新企业文化问答手册

赵尧麟◎主编

四川大学出版社
SICHUAN UNIVERSITY PRESS

项目策划：李波翔
责任编辑：曾　鑫
责任校对：孙滨蓉
封面设计：青于蓝
责任印制：王　炜

图书在版编目（CIP）数据

电网萌新企业文化问答手册 / 赵尧麟主编 . 一 成都：
四川大学出版社，2022.6
ISBN 978-7-5690-5353-1

Ⅰ．①电… Ⅱ．①赵… Ⅲ．①电网－工业企业－企业
文化－中国－高等职业教育－教材 Ⅳ．① F426.61

中国版本图书馆 CIP 数据核字 (2022) 第 014731 号

书名	电网萌新企业文化问答手册

DIANWANG MENGXIN QIYE WENHUA WENDA SHOUCE

主　　编	赵尧麟
出　　版	四川大学出版社
地　　址	成都市一环路南一段 24 号（610065）
发　　行	四川大学出版社
书　　号	ISBN 978-7-5690-5353-1
印前制作	四川胜翔数码印务设计有限公司
印　　刷	四川盛图彩色印刷有限公司
成品尺寸	185mm×260mm
印　　张	6
字　　数	132 千字
版　　次	2022 年 6 月第 1 版
印　　次	2022 年 6 月第 1 次印刷
定　　价	58.00 元

扫码查看数字版

◆ 读者邮购本书，请与本社发行科联系。
　　电话：(028)85408408/(028)85401670/
　　(028)86408023　邮政编码：610065
◆ 本社图书如有印装质量问题，请寄回出版社调换。
◆ 网址：http://press.scu.edu.cn

四川大学出版社
微信公众号

前　言

　　本书是教材《企业文化与电力员工综合素质》的配套手册。为了让国家电网有限公司的新员工快速理解公司企业文化，努力提升自身综合素质，进一步认同国家电网有限公司价值理念，将个人价值追求和公司发展战略协调一致，国家电网四川省电力公司技能培训中心（四川电力职业技术学院）组织了一批优秀教师，着力开发"企业文化与综合素质"理实一体课程。该课程在 2020 年经四川省教育厅评审认定为省级"课程思政"示范课程。2021 年，课程组将"企业文化与综合素质"课程中的典型知识问答，结合课程讲授中的经验，通过收集整理，编著成此手册。

　　本手册共收集萌新问答 46 个，剖析企业文化本身的知识点，分析新员工在工作中容易遇到的问题，帮助新员工快速消除工作中的疑虑，找到解决问题的途径和方法。

　　该手册由"企业文化与综合素质"课程负责人赵尧麟副教授担任主编，赵周芳、陈晓凤、石俊任副主编，杨冰、席川、张建波参编。编写人工作岗位涵盖了教学研究、教学实施、学生管理、教育培训管理，能从不同的角度挖掘国家电网有限公司的企业文化内涵以及对员工的能力要求。

　　由于编写时间仓促，本教材难免存在疏漏之处，恳请各位专家和读者提出宝贵意见，使之不断完善和丰富。

目　录

问题一：什么是企业文化？

如果说到企业文化大家都觉得很陌生的话，我们不妨先一起来探讨文化。"文化"这一词的定义有很多。当我们来分析这些词汇的定义的时候，可以采用举例分析法，给文化组词，再来归纳里面的共同点，找出文化的定义，再来探讨企业文化。

根据以往课堂的经验，大家最爱举例的组词包括：民族文化、美食文化、体育文化、汽车文化，等等。下面我们以大家感兴趣的美食文化为例来进行分析。关于美食文化，我们来说一说川菜的文化特征。

具有浓郁地方色彩的川菜，是中国八大菜系之一，主要包括重庆、成都，以及川北、川南的地方风味名特菜肴。川菜历史悠久，秦汉时已经发端。公元前 3 世纪末，秦始皇统一中国后，大量中原移民将烹饪技艺带入巴蜀，原有的巴蜀民间佳肴和饮食习俗精华与之融汇，逐步形成了一套独特的川菜烹饪技术。川菜的口味偏辣，但又不同于湖南、贵州，是麻辣的风味。川菜用到的特色调味品，例如，郫县豆瓣、关中保宁醋、犀浦酱油、蒲江豆腐乳、新繁泡菜、汉源花椒等，无不使川菜的味道调和到最佳。川渝地区的朋友们喜欢的麻辣火锅，也是川菜的典型代表。下面我们就一起来分析一下，川菜文化的特征有些什么共同点？

这些文化都是历史的传承。而且当地的老百姓习惯于川菜口味，去到外省还可能因为口味不适应导致没有胃口。川菜主要集中在川渝地区，而去到其他地方可能就不一样了。美食文化具有地域性，既有物质形态的如调料、菜品，也有精神形态的如"无辣不欢"，它是包括了物质和精神两方面的文化。

我们将广义的文化定义为人类社会历史实践过程中所创造的物质财富与精神财富的总和。它具有传承性、区域性等特征。

而狭义的文化，指的是社会意识形态以及与之相适应的组织机构与制度。

认识文化的概念之后，我们发现企业文化的概念也就很容易理解了。企业文化，是在文化的概念前加上了企业，也就是把文化的范围缩小到企业的范畴。而企业是人们从事职业活动的机构单位。因此，企业文化是企业在日常运行中所表现出的方方面面。广义的企业文化包括四个层次，即企业物质文化、行为文化、制度文化、精神文化。狭义的企业文化是指以企业价值观为核心的企业意识形态。

问题二：企业文化包含哪些内容？

虽然企业文化的概念有广有狭，但基本包括四个层面，分别为物质层、行为层、制度层与核心层精神文化。企业文化建设主要围绕这四个方面进行。

表层物质文化是一种以物质形态表现的表层文化，例如，公司的产品、服务，公司的生产生活环境、建筑容貌、产品包装、广告设计，等等。企业文化作为社会文化的一个子系统，其显著特点是以物质为载体，物质文化是它的外部表现形式，优秀的企业文化是通过产品的开发、服务的质量、产品的信誉和企业的生产环境、生活环境、文化设施等物质现象来体现的。

浅层行为文化又分为企业行为与员工行为。企业行为是指公司在经营或交际中产生的活动，员工行为则是员工在工作和生活学习娱乐中产生的活动。这个层面牵涉广泛，是企业文化建设中的难题之一。总体而言，企业行为文化是指企业员工在生产经营、学习娱乐文化中产生的活动，包括企业生产经营、教育宣传、人际关系活动、文娱体育活动中产生的文化现象。

中层制度文化是企业为实现自身目标对员工的行为给予一定限制的文化，它具有共性，有强有力的行为规范要求。它规范着企业的每一个人。企业的领导体制、企业组织结构、企业的各项规定或条例，包括人事制度、生产管理制度、民主管理制度等一切规章制度都是企业制度文化的内容。企业的制度文化是行为文化得以贯彻的保证。企业的制度文化是由企业的法律形态、组织形态和管理形态构成的外显文化，它是企业文化的中坚和桥梁，能够把企业文化中的物质文化和理念文化有机地结合成一个整体。

核心层精神文化是指企业生产经营过程中，受一定背景、意识形态影响而长期形成的一种精神成果和文化观念。包括企业精神、企业经营哲学、企业道德、企业价值观念、企业风貌等内容，是企业意识形态的总和。核心层精神文化的建设，是企业文化体系建设的重中之重，是企业文化的灵魂所在，是各项文化建设顺利开展的基础。企业的精神文化是用以指导企业开展生产经营活动的群体意识和价值观念。正确的经营理念，可以激发全体员工崇高的使命感和奋力工作的干劲。

问题三：企业文化的起源是怎样的？

企业文化作为一种有意识的企业管理活动，源于第二次世界大战后的日本。作为一种企业管理理论体系，则创建于20世纪80年代初期的美国。所以，企业文化理论的诞生可以概括为"日本开花，美国结果"。

20世纪70年代，日本在第二次世界大战废墟上快速崛起，一跃成为当时继美国、苏联之后的世界第三大工业国和经济强国。日本经济崛起的秘密何在？当然不是一种原因产生的结果，而是综合因素的产物，例如：

日本在战后接受了马歇尔计划的经济援助；

日本政府对企业发展的大力支持；

日本对国民素质教育的重视，以及对科学技术的学习训练的重视；

日本政府对经济发展主攻方向的转变，决定从"贸易立国"转为"技术立国"；

……

同样，美国也开始深刻思考并寻找日本奇迹的答案，派出大批的考察团赴日，考察和总结日本企业的管理经验。在调研过程中，发现日本的管理重视做人的工作，重视价值观问题。通过进一步研究，发现这样的管理方法背后存在着深厚的文化底蕴。

这样原本是单纯的管理方法研究，由此转变为对企业支撑力的探讨。

企业的文化氛围是在企业内部把全员力量统一于共同目标之下，增强员工凝聚力的一种文化观念、历史传统、价值标准、道德规范和生活准则。20世纪80年代，美国先后出版了四本关于企业文化的著作：美国著名的麦肯锡管理咨询公司顾问阿伦·肯尼迪和特伦斯·迪尔合著的《企业文化——企业生活中的礼仪与仪式》，美国企业管理咨询顾问托马斯·彼得斯和小罗伯·沃特曼合著的《追求卓越——美国最佳公司的经验教训》，美国著名美日比较管理学者威廉·大内的《Z理论——美国企业界怎样迎接日本的挑战》，美国斯坦福大学教授巴斯克和美国哈佛大学教授艾索思合著的《日本企业管理艺术》。这四本著作的出版，标志着企业文化理论从此诞生。至此，企业文化被明确地提出来了，并越来越受到各国管理界的重视。

中国改革开放四十多年来，涌现出了许许多多知名企业，例如，海尔、格力、腾讯、华为，等等，这些企业在发展历程中，逐渐形成了他们自己独特的文化，如华为公司的狼性文化。企业文化理论思想让企业家、经济学家们将企业发展的动力更多地转移到了"人"的身上。

问题四：为什么要学习企业文化？

企业文化是企业多年积累下来并得到认可的行为规范和做人做事的准则。从企业方面来说，学习企业文化可以让企业员工对企业文化产生认同感和归属感，了解企业的发展历程，领会企业文化内涵，认同企业的核心价值观，愿景目标，发扬追求卓越、永不满足的企业精神。

企业文化具有以下六个方面的功能。

1. 导向功能。

企业文化能对企业整体和企业成员的价值及行为取向起引导作用。这是因为一个企业的文化一旦形成，它就建立起了自身系统的价值和规范标准，如果企业成员在价值和行为的取向与企业文化的系统标准产生悖逆现象，企业文化会进行纠正并将其引导到企业的价值观和规范标准上来。

2. 约束功能。

企业文化对企业员工的思想、心理和行为具有约束和规范作用。企业文化的约束不是制度式的硬约束，而是一种软约束，这种约束产生于企业的企业文化氛围、群体行为准则和道德规范。

3. 凝聚功能。

企业文化的凝聚功能是指当一种价值观被企业员工共同认可后，它就会成为一种黏合力，从各个方面把其成员聚合起来，从而产生一种巨大的向心力和凝聚力。

4. 激励功能。

企业文化具有使企业成员从内心产生一种高昂情绪和奋发进取精神的效应。一旦员工真正接受了企业的核心理念，他们就会被这种理念所驱使，自觉自愿地发挥潜能，为公司更加努力、高效地工作。

5. 辐射功能。

企业文化一旦形成较为固定的模式，它不仅会在企业内部发挥作用，对本企业员工产生影响，而且也会通过各种渠道（宣传、交往等）对社会产生影响。优秀的企业文化也将对社会文化的发展产生重要的影响。

6. 品牌功能。

企业在公众心目中的品牌形象。优秀的企业文化，对于提升企业的品牌印象和形象将发挥巨大的作用。

通过学习企业文化，能让员工明确作为团队要有共同的核心价值观和目标，在以后的学习工作中彼此信任、团结合作、共同发展。

问题五：企业文化与社会主义核心价值观有什么关系？

　　党的十八大报告明确提出了倡导富强、民主、文明、和谐；自由、平等、公正、法治；爱国、敬业、诚信、友善的社会主义核心价值观。社会主义核心价值观从国家、社会以及个人的层面上提出了社会主义现代化建设新时期的价值目标和行为准则，是马克思主义中国化的最新理论成果。马克思主义必定随着时代、实践和科学的发展而不断发展，不可能一成不变。坚定中国特色社会主义道路自信、理论自信、制度自信，说到底是要坚定文化自信。没有高度的文化自信，没有文化的繁荣兴盛，就没有中华民族伟大复兴。

　　社会主义核心价值观是当代中国精神的集中体现，凝结着全体人民共同的价值追求。社会主义核心价值观的内涵具体可分为以下三部分。

　　从国家层面来看，"富强、民主、文明、和谐"。富强即国富民强，是社会主义现代化国家经济建设的应然状态，是中华民族梦寐以求的美好凤愿，是国家繁荣昌盛、人民幸福安康的物质基础。民主是人类社会的美好诉求。我们追求的民主是人民民主，其实质和核心是人民当家作主。它是社会主义的生命，是创造人民美好幸福生活的政治保障。文明是社会进步的重要标志，是社会主义现代化国家的重要特征。它是社会主义现代化国家文化建设的应有状态，是对面向现代化、面向世界、面向未来的，民族的科学的大众的社会主义文化的概括，是实现中华民族伟大复兴的重要支撑。和谐是中国传统文化的基本理念，集中体现了学有所教、劳有所得、病有所医、老有所养、住有所居的生动局面。它是社会主义现代化国家在社会建设领域的价值诉求，是经济社会和谐稳定、持续健康发展的重要保证。

　　从社会层面来看，"自由、平等、公正、法治"。它反映了中国特色社会主义的基本属性，是我们党矢志不渝、长期实践的核心价值理念。自由是指人的意志自由、存在和发展的自由，是人类社会的美好向往，也是马克思主义追求的社会价值目标。平等指的是公民在法律面前的一律平等，其价值取向是不断实现实质平等。它要求尊重和保障人权，人人依法享有平等参与、平等发展的权利。公正即社会公平和正义，它以人的解放、人的自由平等权利的获得为前提，是国家、社会应然的根本价值理念。法治是治国理政的基本方式，依法治国是社会主义民主政治的基本要求。它通过法制建设来维护和保障公民的根本利益，是实现自由平等、公平正义的制度保证。

从个人层面来看，"爱国、敬业、诚信、友善"，它覆盖社会道德生活的各个领域，是公民必须恪守的基本道德准则，也是评价公民道德行为选择的基本价值标准。爱国是基于个人对自己祖国依赖关系的深厚情感，也是调节个人与祖国关系的行为准则。它同社会主义紧密结合在一起，要求人们以振兴中华为己任，促进民族团结、维护祖国统一、自觉报效祖国。敬业是对公民职业行为准则的价值评价，要求公民忠于职守，克己奉公，服务人民，服务社会，充分体现了社会主义职业精神。诚信即诚实守信，是人类社会千百年传承下来的道德传统，也是社会主义道德建设的重点内容，它强调诚实劳动、信守承诺、诚恳待人。友善强调公民之间应互相尊重、互相关心、互相帮助，和睦友好，努力形成社会主义的新型人际关系。

社会主义核心价值观必须融入企业文化建设之中，企业文化建设要以社会主义核心价值观为引擎和统领，使之贯穿于企业价值理念、规章制度、形象标识、日常行为各个层面。在社会主义中国，大力推进企业文化建设，是提升国有企业核心竞争力，推动企业科学发展的战略举措；是发挥国有企业党组织优势，促进企业员工全面发展的重要载体；是国有企业党组织适应时代发展要求，发挥政治核心作用的必然选择。

问题六：什么是职业道德？

大家在排队乘坐公交车的时候有没有遇到过插队的人？有吧？那么通常是不是会有队伍里的人对他们说："同志，麻烦后面排队！"然后，插队的人就很不好意思地排队去了。那么请问，如果大家都在争先恐后挤公交车的时候，有人在旁边喊"麻烦排下队？"你认为会有这样的效果吗？那可能效果甚微是吧！

这个案例告诉我们，社会公共秩序需要每个公民具有良好道德素养来维护，人人有道德，大环境才会绿色健康。在企业当中，良好的企业文化氛围，需要每名员工都具有良好的职业道德。

那么，什么是职业道德？

什么是道德？我们会说，排雷英雄杜富国舍己为人，道德高尚；"512"地震中把学生留下自己先跑的教师"范跑跑"道德缺失。所谓"道"指的是良好的选择。假如你看见人行道上的空饮料罐，是走上去把饮料罐捡起来投进垃圾箱，还是一脚把饮料罐踹飞。以上两种行为，哪种是更好的选择？第一种。这就是良好的选择。而"德"指的是习惯。当你遇到问题时都习惯做出良好的选择，你一定是一个道德高尚的人。换句话说，道德就是被人们普遍认可的行为准则。

职业道德，是在道德前面加上职业两个字，从而限定了职业道德行为准则适用的范围是在职场范围内。因此，职业道德是我们在从事职业活动时应该遵循的行为准则。

问题七：职业道德有哪些基本规范？

明确了职业道德以后，我们再来认识一下职业道德的五项基本规范。

中央组织部和中央电视台联合推出的"两优一先""两学一做"系列节目《榜样3》，所邀请的第一位党员先进模范宋书声，17 岁参加工作，21 岁加入中国共产党，在大学学到的俄语知识让他成为马恩列斯著作的编译者。从此一辈子再也没离开过马克思主义，编译工作一干就是 55 年。为了做好翻译工作他经常挑灯夜战，并继续深造了德语。当问及他是如何坚持几十年如一日干翻译工作的，他回答：我是服从了组织分配，从而与马列编译结缘的，作为党员，服从分配就是一种选择。从宋老先生身上，可以看到，首先，他热爱自己的工作，为了干好工作，他白天上班，晚上学习，对待翻译工作态度严谨、精益求精，对翻译工作充满敬畏。这就是爱岗敬业。这也是职业道德的第一项基本规范。

信义兄弟开了一家工程公司，20 年来，这家公司从来没有拖欠过民工的工资。这一年，为了赶在年前给民工发工资，哥哥孙水林在大雪天的筹款路上，一家人遭遇车祸，命丧黄泉。弟弟在得知哥哥出事以后，忍住巨大的悲痛，继续做好民工工资的筹备发放工作，最终赶在年前把钱送到了工人手上。信义兄弟的感人事迹上了《感动中国》，也被拍成了电影，歌颂兄弟俩的精神。兄弟二人 20 年来坚守的是什么？是对工人的一个承诺。这就是诚实守信。这是职业道德的第二个基本规范。

所谓国有国法，家有家规。有制度就要严格执行，出了问题要严格按照制度来进行处理，制度法规才不会形同虚设。近年来，中央对腐败问题严厉打击，在十八届中央纪委二次全会上，习近平总书记指出要坚持"老虎""苍蝇"一起打，老虎不多但是危害大，苍蝇虽然危害小，但是"满天飞"，还传染病毒。只有"老虎""苍蝇"一起打，才能将反腐败工作扎实推进。这充分表明了党中央对腐败的零容忍态度，也为反腐工作提供了指导思想和工作原则。无论官大官小，贪污程度重与轻，都一视同仁。《习近平谈治国理政》中提到作为党的干部，就是要讲大公无私、公私分明、先公后私、公而忘私，只有一心为公、事事出于公心，才能坦荡做人、谨慎用权，才能光明正大、堂堂正正。中央的反腐败工作取得了相当的成效。这一切的一切让我们看到了四个字，那就是"办事公道"。无论是作为国家的公职人员还是企业的员工，在工作的时候都要站在客观的立场行驶权利，这样才能获得民众的信服和支持，才具有公信力。所谓得民心者得天下，"只许州官放火不许百姓点灯"，是不会得到民众支持的。

马克思历史唯物主义认为：人民群众是历史的创造者，是历史的主体，是社会的主人翁。各行各业的"立命之本"是：服务群众。也就是为人民服务。国家电网有限公司（以下简称永电国网公司）的企业宗旨是"人民电业为人民"。新时代践行"人民电业为人民"的企业宗旨，我们建立了以客户为中心的现代服务体系。运用"互联网＋"营销服务，办电实现"最多跑一次"，甚至"一次都不跑"，让业务办理更加便捷。同时，电网人不断提高安全保电能力，出现故障后在最短时间内恢复用电，还通过连心桥共产党员服务队，架起党密切联系群众的桥梁，当好国民经济发展的先行官。每一项举措，都凝聚了电力员工的汗水与智慧。不忘初心、牢记使命，人民电业为人民，需要一代代电力人薪火相传。

习近平总书记在全国国有企业党的建设工作会议上指出，国企必须具备六种力量。国家电网公司作为全球最大的公用事业企业，供电服务人口超过 11 亿。作为国企的社会责任，就是要提升国家的经济实力。怎么样来提升？通过将我们生产的产品和我们的技术推向世界。在"一带一路"号召下，国家电网公司提出了建设具有中国特色国际领先的能源互联网企业的发展战略。企业有这样的担当，作为企业的员工当然责无旁贷。远的不说，国家电网四川省电力公司技能培训中心在 2017 年就担起了这样的责任，圆满完成了埃及 EETC500KV 输电线路业主工程师培训，为一带一路作出了电网培训人的贡献。从 2013 年"精准扶贫"到现在"乡村振兴"，中心好几名员工前赴后继开展精准扶贫工作，深入贫困山区和当地人民同吃同住，乡城天村，甘孜吉居乡，阿坝壤塘县，都留下了他们忙碌的身影，他们克服高海拔带来的身体不适，为贫困山区谋福利，送光明。人民电业为人民的最高目标就是奉献社会。

回过头来，我们回顾一下职业道德的五项基本规范，那就是：爱岗敬业、诚实守信、办事公道、服务群众、奉献社会。

问题八：员工素质与企业发展有怎样的关系？

现代企业员工素质是指员工的基本素质、专业素质和政治素质所构成的员工综合素质。其中，基本素质指员工自身所具备的文化知识、语言、思想、判断能力、心理承受能力、自我约束能力和健康的身体；专业素质指员工在所从事的专业岗位上，具备的专业理论、专业技术、专业技能以及创新意识、创新能力；政治素质指员工的思想政治品质和职业道德品质。三者是相辅相成的关系。提高员工基本素质，是推动企业发展的根本保证；提高员工专业素质，是推动企业发展的动力；提高员工政治素质，是企业树立良好形象的关键。

员工素质与企业发展有着怎样的关系呢？

身体和心理素质是一个人在社会上工作、生活的立足之本。健康的体魄是保证工作正常进行的前提。工作中，心理素质较好的人会冷静地、泰然地处理各类人际关系使其保持和谐状态。

集体观念就是要强化对于集体的存在、集体中制度的约束、集体与个人之间的所有关系等这些基本问题的认识，真正从根源上使员工认识到企业的发展能促进自身的发展，企业的利益关系着自身的利益。认清这些问题，可以使员工逐渐提高自我管理能力，迸发出持久的工作热情，使企业充满活力。

技术素质是指员工具有的岗位操作能力，技术素质的高低决定了实际生产中能否正确操作设备、设施，来确保生产的安全正常运行，高技术素质不仅仅可以提升自己，更可以带动企业的发展。

业务素质是指员工在企业组织中从事职业技术工作应具备的知识水平和业务技术能力，员工业务素质的提高是企业发展的关键问题。责任意识是一种自我约束的价值取向，员工责任意识的确立，是企业成熟的价值表现。

政治素质是指对我国的民族、阶级、政党、国家、政权、社会制度和国际关系具有正确的认识、立场、态度、情感，以及与此相适应的行为习惯。员工政治素质水平的高低对企业文化价值观的实现程度有决定作用。

员工责任意识是企业成熟的价值观表现。企业是社会组织，是构成社会的基本元素，企业的总体目标是社会发展目标的一部分。持续地创造财富，推动生产力的发展，和谐地处理企业与自然、社会的关系，是企业的使命和责任，也是企业发展的第一要务。

当今社会中，企业员工的素质越来越被重视。作为企业员工，在不断提升自己业务能力的同时，还要注重提升身体、心理素质，不断提升责任意识。只有主动地履行责任使命，确立和谐发展的价值取向，才能使企业在发展中坚持节约资源，与环境友好相处，也才能使企业担当起社会发展中应有的责任与使命。

问题九：什么是企业行为文化？

回答这个问题之前，我们先来看一个案例。

在网购普及大江南北的今天，快递小哥成了我们身边不可或缺的角色。但是快递小哥也需要回家过年。菜鸟物流在2018年2月宣布了一个暖心决定，将包下一列高铁送这些快递小哥回家过年。北京、河北周边的快递员都能享受到这辆暖心专列。专列发车时间，2月13日（大年二十八），尽可能照顾到回家最晚的快递员。无法享受团圆专列的快递小哥将会收到最高3000元的基金，鼓励这些员工将他们的家人接到身边过年。

看完以上内容，我们试着站在不同的角度分析一下。首先，作为一个平凡的打工人，过年最想做的事情就是快点回家。而过年前，因为春运开始，大家都着急回家，人多火车票不好买。这是客观存在的事实。快递小哥，是近年来新兴的职业，他们走南闯北，穿梭在大街小巷，完成物流的最后两公里配送。大年二十八，企业安排专列送快递小哥回家，是不是解决了他们着急回家过年的烦恼？于是，在大年二十八以前，物流公司确保有员工送货，公司不愁没人干活，解决了过年前用人难的问题。作为消费者，很多网购商家在年前早早就打烊不发货了，原因是物流都放假了，而菜鸟物流能确保送货，大家对菜鸟物流的好感在这个时候瞬间就提升了。而其他物流公司的员工，当他们急着抢票回家的时候，菜鸟的小哥还在努力送货，最后菜鸟的小哥还有专列送回家，其他物流员工是不是也心想着，要是自己的公司也能这样该多好。虽然包高铁送员工回家不是一般企业能做成的事儿，但是这一举措，一是稳定了员工情绪，二是确保了公司年前能正常运作，三是树立了良好的社会形象，也为自己打了广告。这确实是一项多赢的举措。我们说，这就是菜鸟物流的企业行为文化。

企业行为文化即企业文化的行为层，是企业员工在企业经营、教育宣传、人际关系活动、文娱体育活动中产生的一种文化现象。它主要包括企业及其员工的行为和企业人际关系。

企业行为文化的作用和意义在于以下三点。

行为文化是企业文化的重要载体。没有行为文化，企业文化就无法实现。人作为企业的构成主体，其行为当然蕴含着丰富的企业文化信息，是企业文化的重要载体，是企业文化最真实的表现。一个企业的企业文化的优劣、企业文化建设工作的成败，通过观察员工的日常精神面貌、做人做事的态度、工作中乃至社交场合的行为表现，就可以作出大致准确的分析判断。理念说得再美，制度定得再完善，都不如做得实在。

行为文化建设是企业文化落地的关键环节。没有行为文化，理念和制度都是空谈，在企业文化构成的层次关系中，理念是企业文化的核心，是指导一切的思想源泉；制度是理念的延伸，对行为产生直接的规范和约束力；物质文化是人能看到的、听到的、接触到的企业具象的表现形式，但是这三个层次都是通过行为文化来表现的。

行为文化建设是实现价值观管理的必经之路。行为规范不是制度，而是倡导。制度是硬性的，而行为规范会根据不同的行为主体、不同对象采取不同的手段。如企业制度不会写上司用什么态度与下属说话，行为规范就可以写出来。行为文化就是通过文字规范进行约束，慢慢变成员工的习惯，不符合企业核心价值观的行为会被文化无形的力量纠正，不认可这种规范的人会被企业排斥。当员工已经完全接受了企业的核心价值观时，员工的行为会超越制度的要求。所以当员工的价值观与公司的核心价值观一致后，规章制度就退后了，制度约束的行为已经变成了员工的自觉行为，这就是以价值观为本的组织控制，体现了价值观的巨大力量。

问题十：企业行为文化有哪些内容

企业行为文化具体包含哪些内容呢？

首先，按人员结构划分，企业行为文化分为：企业家的行为、企业模范人物的行为、企业员工整体行为。下面我们分别来了解一下。

一、企业家的行为

企业家是企业管理中的一种特殊的"角色丛"——思想家、设计师、牧师、艺术家、法官和朋友。企业家是理念体系的建立者，精通人生、生活、工作、经营哲学，富有创见，管理上明理在先，导行在后；企业家高瞻远瞩，敏锐地洞察企业内外的变化，为企业也为自己设计长远的战略和目标；企业家将自己的理念、战略和目标反复向员工传播，形成巨大的文化力量；企业家艺术化地处理人与工作、雇主与雇员、稳定与变革、求实与创新、所有权与经营权、经营权与管理权、集权与分权等关系；企业家公正地行使企业规章制度的"执法"权力，并且在识人、用人、激励人等方面起着重要的作用；企业家与员工保持良好的人际关系，关心、爱护员工及其家庭，并且在企业之外广交朋友，为企业争取必要的资源。在一定层面上，企业家的价值观代表了一个企业的价值观。

【案例】

海尔总裁张瑞敏在一次员工大会上，当着众人的面将100多台不合格的电冰箱砸烂。这就是企业家的行为，也正是这一砸，才砸出海尔这块响当当的牌子来。

二、企业模范人物的行为

企业模范人物行为是指企业优秀干部和优秀职工所表现的良好行为。企业模范人物使企业的价值观人格化，他们是企业员工学习的榜样，他们的行为常常被企业员工作为仿效的行为规范。

【案例】

国家电网四川电力（成都）连心桥共产党员服务队队长刘源，曾获第六届全国道德模范、全国五一劳动奖章、全国模范退役军人、国家电网有限公司特等劳模等荣誉，2020 年 11 月荣获"全国劳动模范"称号。

2020 年 12 月 4 日，刘源和队员来到帮扶对象代美英老人家中，为她家的智能电表加装放大装置，方便老人查询电费余额。自 2005 年加入国家电网四川电力（成都）连心桥共产党员服务队以来，刘源恪守"有呼必应、有难必帮"的承诺，以实际行动帮助群众、服务群众，服务社区，做安全用电守护者。坚持善小而为、善小常为，把为民服务解难题落实到点滴小事中，全心全意当好群众的贴心人。刘源同志也是电网人的榜样和标杆。

三、企业员工整体行为

员工的整体行为决定了企业整体的精神风貌和企业文明的程度，员工整体行为的塑造是企业文化建设的重要组成部分。企业要通过各种开发和激励措施，使员工提高知识素质、能力素质、道德素质、勤奋素质、心理素质和身体素质，将员工个人目标与企业目标结合起来，形成合力。

【案例】

在国家电网四川省电力公司技能培训中心的校园内，经常举办各类技能竞赛，我们随时能看到来参加培训的电力一线员工。国家电网四川省电力公司注重员工的培训和提升，每年集中开展多期生产人员履职能力培训、高技能人才培训、专业技能取证培训等，年培训量高达 20 万余人天，这充分地体现了公司对人才培养、员工业务素质提升的重视。不积跬步无以至千里，不积小流无以成江河。重视培训提升，营造比学赶帮超氛围，展现"努力超越，追求卓越"的企业精神。

问题十一：企业外部行为有什么意义？

企业外部行为包括：服务社会大局、环境保护、对外招聘、市场开发、广告宣传、资金筹集、股市活动、消费者权益活动、促销活动、公益活动等。这些外部行为，大致可以归纳为：企业对社会公益的责任、对环境和资源的责任，对消费者的责任，以及遵从政府的管理、接受政府和媒体的监督等。这些外部关系从不同程度、不同侧面影响着企业生产经营活动的进行，制约着企业的生存和发展。

一、社会公益责任

企业的社会公益责任是指企业在谋求所有者或股东权益最大化之外所负有的维护和增进社会利益的义务。这种义务是超出法律和公司治理的对利益相关者最低限度义务之外的，属于道德范畴的责任。随着社会经济的迅速发展和企业主体地位的加强，社会对企业提出了更高的要求，即在行使自身经济功能的同时，承担起更多的社会责任，更好地发挥自身社会功能，如：提供就业机会，资助社会公益事业，保护生态环境，支持社会保障体系等。积极履行各项社会公益责任，有助于企业获得良好的生存和发展条件，树立良好的品牌形象，从而更加有效地实现经营、发展目标。

二、环境资源责任

环境和资源是整个人类社会生存的土壤，也是企业存在的根本。2012年11月，中国共产党第十八次全国代表大会提出了"人类命运共同体"这个概念。它旨在追求本国利益时兼顾他国合理关切，在谋求本国发展中促进各国共同发展。国家治理如此，企业的管理亦如此。企业在与环境资源的各种交易关系中取得平衡，才能生存和发展。因此，企业解决好和环境资源的协调关系才能可持续发展。这包含了企业的经营生产过程中要实现污染预防和持续改进，更重要的是把环境保护的理念贯彻到企业的经营理念中，培养员工的环保意识，从根本上实现企业的绿色经营和绿色发展。2021年3月1日，国家电网发布"碳达峰、碳中和"行动方案，该方案提出，国家电网将以"碳达峰"为基础前提，"碳中和"为最终目标，加快推进能源供给多元化清洁化低碳化、能源消费高效化减量化电气化。这项方案的发布标志着国家电网有限公司不仅对环境保护，更是对推动能源领域数字经济发展迈出了重要的一步。

三、消费者关系

消费者是企业面临的数量最多、范围最广的公众群体。它不仅包括直接从企业购买商品的顾客，而且包括所有商品使用者和潜在需求者，以及各种精神产品及劳务的购买者和使用者。消费者的消费行为直接关系到企业利益和发展，因此，协调好消费者关系对企业来说至关重要。

四、政府关系

企业政府关系，是指以政府主导，企业为主体，运用各种信息传播途径和手段与政府进行双向的信息交流，以取得政府的信任、支持和合作，从而为企业建立良好的外部政治环境，促进企业的生存和发展的一种关系。

企业应及时了解和熟悉政府颁布的各项政策法令；自觉遵守政府的各项法规条令，规范企业的生产经营活动；主动与有关部门工作人员保持经常联系，协调关系；主动向政府有关部门通报企业经营情况，为政府制定有利于企业发展的政策和法令提供依据；主动协助政府解决一些社会问题，求得政府的信赖。

五、媒体关系

媒体关系也称新闻界关系，是企业组织与报纸、杂志、电台、电视台等大众传播媒介的关系，在这个自媒体时代，各种直播、购物等网络社交平台也属于媒体关系的范畴。这些媒体具有传递信息速度快、传播面广、受众多等特点。

协调媒体关系要做到尊重新闻媒体的基本权利，和媒体交朋友；了解各种新闻媒体的传播特点，如传播方式、传播渠道、受众情况、报道重点和范围等，适时吸引媒体报道；做好充分准备，成立公关部接受媒体采访；提升员工新闻素养，储备正面宣传图片和案例素材等。

问题十二：企业内部行为包含哪些内容？

企业内部行为包括生产管理、选人用人、员工培训、奖金福利、内部沟通、文体活动等。企业在参与各种行为活动中，又会形成相应的子文化，例如，在企业内部活动中，企业会产生安全文化、沟通文化、感恩文化等。这些内部行为，大致可以归纳为企业的管理行为、对股东和合作伙伴的责任、员工的合作交流。

一、企业的管理行为

企业内部管理是为了增强企业各级职工自律意识，规范管理行为，改进工作及管理作风，维护公司运营秩序，提高工作效率，促进企业健康持续发展。

（一）知识管理

知识管理是对企业知识的创造、获取、加工、存储、传播、应用几个环节的管理。随着经济的全球化、知识经济时代的到来，持续学习、不断学习既是员工个人提升能力水平的重要保证，也是企业做好资源科学配置、提高竞争力的重要保证。

在工作中，我们还需要提高我们的业务素质和业务水平。要提高业务水平就要做到以下几点：注重理论学习，从实践中不断提升，参与培训和继续教育，深入了解自己所从事的工作，加强合作交流，明确奋斗目标，善于总结经验。

（二）安全管理

企业安全文化，抽象地说，是指企业安全管理者根据企业内外安全生产环境的变化，结合企业的历史现状和发展趋势，从企业的生产实践中总结、提炼出的企业安全生产的理念或价值体系，以作为企业安全生产的方针和原则。具体而言，就是围绕企业安全生产而形成的一系列理论。其目的是营造"生命至上，安全第一"的氛围，推动企业与时俱进稳定发展。

二、对股东和合作伙伴关系

（一）股东关系

股东关系是企业内部重要的公共关系。股东为企业的投资者，股东关系是指与投资者的种种关系，亦称"金融公共关系"或"财务公共关系"。建立良好的股东关系，其目的主要是加强企业与股东之间的信息沟通，提高企业的信誉度、知名度、可靠性和发展能力，争取现有股东和潜在的投资者对本企业的了解、信任和支持。

（二）合作伙伴关系

合作伙伴关系指企业与在经营活动中发生业务往来的其他企业组织的关系，根据业务联系的性质不同，可以分为供应商关系、经销商关系、同业关系等。这类关系的协调与否，直接影响着企业生产经营活动的顺利进行。

三、员工的合作交流

（一）团结协作

团结协作是一种为达到既定目标所显现出来的自愿合作和协同努力的精神。它可以调动团队成员的所有资源和才智，并且会自动地驱除所有不和谐和不公正现象。在追求个人成功的过程中，每个人都离不开团结协作、团队合作，因为没有一个人是万能的。

（二）遵章守纪

企业诸多的制度、规章、行为准则，必须依靠具体的行为去执行，行为文化是使制度生效的具体措施。在前面职业道德基本规范中，我们认识到，每个员工的素质影响着企业文化氛围的营造，而企业的行为文化也影响着每个员工的行为方式。在员工的合作交流中，营造一个遵章守纪的文化氛围，有助于整个企业大环境主动合规，真正将合规文化理念内化于心，固化于制，外化于行，形成常态化。

要营造遵章守纪的企业行为文化氛围，我们应当注重和加强员工合规文化教育的培训，例如，做到新员工入行必讲，员工上岗转岗升职必讲，检查发现违纪违规必讲，年度总结必讲的"四必讲"。同时，加强监督检查和对教育培训方式方法的革新，特别是强化员工之间的互帮互助，互相监督，使员工不能、不敢、不愿违规。

问题十三：如何建设企业行为文化？

去过"海底捞"火锅店的客人，无不提到它的服务好，等候区有免费水果、免费茶水、免费美甲……吃饭时能够及时送上袖套、围裙、手机套、热毛巾……"海底捞"的服务，就是它的行为文化。企业行为文化如何建设呢？企业行为文化建设重点要把握以下三个关键环节。

一、科学制定员工行为标准和规范

员工行为标准，是员工在企业内一切行为的度量衡，是员工审视自身行为是否符合企业要求，是否满足职业需要的参照表。在企业运营过程中，企业家的行为、企业模范人物的行为和企业全体员工的行为都应有一定的标准和规范。这就需要做到以下两点。

（一）明确员工行为的基本类别

这是拟定员工行为标准的前提。按照作用和涵盖内容划分，员工行为标准大致可划分为以下两大类：第一类是岗位职业行为，即员工在生产现场的职业行为。这一行为的规范、标准程度决定着员工劳动的安全性和经济性，是制定行为标准最为重要的一项内容。例如，电力行业有标准化作业流程。第二类是员工的非岗位行为，是指员工作为"社会人"在人际交往、社会活动、家庭生活中的基本行为。这部分主要着眼员工的世界观、人生观、价值观和社会公德、职业道德、家庭美德、个人品德的全面培育，促使员工不仅成为适应工作的职业人，而且成为对社会创造价值的社会人。

（二）把握员工行为标准的制定原则

一是安全化原则，这是由行业特殊性所决定的。在制定员工行为标准时，必须始终贯彻"安全第一"的思想，做到每一项标准都能符合现场安全作业的实际，都能实实在在地保障和促进安全，确保安全系数最大化。二是精细化原则，就是在充分把握事物发展内在规律性的基础上，找到最佳的解决方案，达到最好的预期效果。三是工序化原则，就是以每一项工作的工序流程为主线，把每个操作环节都按照操作规程、安全规程和文明行为规范的要求，根据时间流，把每项工作具体、明确地细分成工序，对员工在每道工序上应该做什么、怎么做，做到什么标准等都有精细规定。四是文明化原则，这一原则强调员工行为要符合社会主义精神文明和中华民族传统美德的基本要求，有利于引导员工素养和道德水平的提高与升华。五是人性化原则，这是员工能够尽快认同标准、执行标准的重要保障。

二、大力实施行为养成训练

员工行为养成训练，就是通过教育、引导、观摩和反复强化训练等，实现员工行为由强制、自觉到习惯的升华，从而提升企业员工行为水平，使员工行为体现现代化新型企业的新形象和发展要求。

1. 强化思想做好宣贯。

第一，加强理念宣贯，增强全体员工对企业理念特别是安全理念的认同感。第二，是加强员工行为养成训练。通过有针对性的教育和培训，加强员工对行为养成训练的认识。第三，科学开展心理疏导。通过心理调适，使广大员工对行为养成训练由不认识到认识，由不赞同到赞同，最后能自愿参与其中。

2. 根据情况选择方法。

具体训练方法大致归纳为如下几类。

系统培训法，主要采取集中培训、辅导等形式，组织员工对规范标准进行系统的学习，辅以案例分析进行解读，通过规范标准考试，使全体员工做到应知应会。

模拟演练、角色扮演法，充分利用 VR \ AR \ MR 等技术，结合与生产同步的实训现场，对每个岗位工种的行为要点、操作方法、要领和安全要求进行直观的动作演示，由员工进行模拟或模仿操作。

示范引领法，是通过选拔行为标准"教练员"，对身边员工进行手把手式的训练。

竞技比武法，采用分层次组织开展行为规范竞技比武，表彰先进，激励全体员工积极参与行为训练，达到普遍提升行为水平的目的。

实战训练法，即在生产作业现场的实战演习，把员工对行为养成的感性认识升华为理性认识和自觉行动。

结对帮扶法，针对员工文化及业务素质水平参差不齐、差异性较大等实际特点，通过一对一结对方式，进行重点帮扶，起到"传帮带"作用。

三、推行员工职业行为评价

职业行为评价，就是对员工的行为是否达到标准，达到什么水平，存在什么问题进行逐一量化的考核和测评。例如，国家电网四川省电力公司持续开展的生产人员准入考核，履职能力培训及考核，高技能人才培训和技能鉴定。2021 年 9 月，考核评价中心在国家电网四川技能培训中心挂牌，该部门将致力于公司员工职业能力评价工作。

通过内化于心，外化于行，固化于制，最终建设成企业独有的行为文化。

问题十四：国家电网有限公司在重视人才培养上有什么举措？

作为全球最大的公用事业企业，供电服务人口超过 11 亿人，国家电网公司的员工人数也是世界第一。在人才管理和员工培养上，公司非常重视。

一、人才管理

作为企业经营和发展的骨干力量，优秀人才凭借其深厚的理论知识、丰富的实践经验、较高的专业水平和知名度，在战略规划、改革发展、技术创新、市场开拓等诸多业务领域，成为引领企业可持续发展的关键动力，其梯队规模与质量，对企业发展前景，更有着决定性的影响。

公司在人才培养责权分布上明确职责。

人力资源部门为人才培养归口管理部门，负责牵头组织各项人才培养工作，组织编制公司人才培养与培训规划、培养与培训项目储备库、培养与培训经费预算。并组织开展公司各类人才选拔、竞赛调考及培训资源建设，与此同时，负责对公司系统各单位人才培养与培训管理工作进行检查、考核与评估。

业务部门协助人力资源部门，做好人才培养工作，包括结合本专业人员素质情况提出培养需求，协助编制本专业相关人才培养方案与培养对象选拔标准，协助开发相关培训资源，参与培养效果评估等。

各级培训中心与基层单位为人才培养工作的具体实施部门，在公司人力资源部门的指导下，与业务部门紧密配合，负责人才培养的具体实施工作。

公司设计了四级四类人才梯队模型。依据人才成长规律，从低到高，将人才初步分为县公司级、地市公司级、省公司级、公司级。在更为具体的培养工作中，将专家人才再次细分为经营类、管理类、技术类和技能类，以便于开展针对性培养。

此外，以国家电网四川省电力公司为例，还有"电力雏鹰"和"双千人才"培养和选拔计划，分别针对入职 1~3 年的职工和 3 年以上的职工的人才培养通道。公司通过对各级各类人才的定期考核，实行动态管理，确保人才队伍持续常青。

二、人才培养

国家电网公司非常重视员工培训，在《国网公司通用制度》中明确了员工培训的相关要求。其中对生产人员规定要开展三年一轮的岗位职业能力培训。国家电网四川省电力公司从 2005 年开始，着力生产人员培训工作，通过继续教育、岗位准入培训、职业技能鉴定等多个途径实施。2013 年，在人力资源部组织下，邀请各专业部门和基层专家，构建了生产人员能力素质模型，出台了《生产人员履职能力培训实施细则》，分专业、分级别对生产人员进行培训。经过 6 年两个轮次的推行，公司员工的职业技能等级提升明显。2021 年，四川公司生产人员培训在履职能力培训的基础上继续拔高，重构生产技能人员岗位评价体系。随着近年来员工教育培训工作的持续推行，生产人员的技能水平得到了显著提升。

除了三年为一轮的生产人员培训以外，四川公司还在每年制定不同专业的竞赛和选拔计划，以赛促训，提升整体业务水平。通过竞赛的推进，在全省公司系统范围内掀起培训提升热潮。竞赛给予不同地市公司相同专业的员工交流切磋的机会，在省公司范围内营造了良好的学习交流氛围。而竞赛中脱颖而出的获奖选手以及所属单位也获得相应的物质、精神鼓励，促进各单位重视竞赛，重视培训，重视人才的培养。

问题十五：国家电网有限公司员工怎样践行"人民电业为人民"？

国家电网有限公司切实践行"人民电业为人民"的企业宗旨，坚持以人民为中心的发展思想，供电员工始终坚持为民服务，把服务人民美好生活需要作为工作的出发点和落脚点，把为客户创造价值作为工作的重要着力点，在提高为民服务质量和水平上不断取得新成效，让人民群众获得感、幸福感全面提升。

张黎明就是其中的典范，他带领黎明共产党员服务队开展志愿服务 10 余年，把使命放在心上，把责任扛在肩上，勇于担当、无私奉献、扶危济困、团结互助，积极推动"黎明出发点亮万家"惠民志愿行动，发起并成立"黎明·善小"微基金，随时向有困难的群众提供真情服务；张黎明从客户的实际需求出发，用行动践行"你用电，我用心"的服务理念，带领团队把多年来在实际工作中遇到的各方面近万个故障进行总结分析，形成了 50 多个案例，编订成《急修案例库工作法》和《抢修百宝书》；利用"互联网＋"技术，以"张黎明创新工作室"为代表的"班组创匠坊""职工创新成果孵化基地"等一批"众创、青创、班创"平台，成长为培育创新人才的"黄埔军校"，引导更多员工积极投身"创新、创造、创业"实践，培养出一支掌握核心技术的高端人才队伍。

从张黎明同志的事迹中，可以归纳出践行"人民电业为人民"应该从行为上做到以下几个方面：热爱自己的工作，提升职业责任感、使命感，肩负起供电人员的职责；提升专业业务知识技能，不断提升自己的业务处理水平，让客户少停电，甚至不停电；在工作中起好"传帮带"作用，团结协作，建设优秀工作团队，提升供电人员整体服务水平；开拓进取，通过对业务工作的钻研，勇于从技术、产品、工具、管理等多角度创新，不断优化工作方式，将"大云物移智链"等技术运用到供电业务中，提升工作质效，推进高质量发展；提升思想站位，乐于奉献，在工作内外都以服务群众为己任。

问题十六：国家电网有限公司怎样体现国企的"六个力量"？

2016 年习近平总书记在全国国有企业党的建设工作会上指出，国企必须具备六种力量：

成为党和国家最可信赖的依靠力量；

成为坚决贯彻执行党中央决策部署的重要力量；

成为贯彻新发展理念、全面深化改革的重要力量；

成为实施"走出去"战略、"一带一路"建设等重大战略的重要力量；

成为壮大综合国力、促进经济社会发展、保障和改善民生的重要力量；

成为我们党赢得具有许多新的历史特点的伟大斗争胜利的重要力量。

国家电网有限公司作为国企中的一员，责无旁贷。

一、成为党和国家最可信赖的依靠力量

在防疫工作中，国家电网公司不仅全力保障了处于防疫前线的湖北武汉的电力供应，还在最短时间内为火神山、雷神山医院搭建好了电力供应系统，为火神山医院的如期建成交付做出了重大贡献。

而在此之前，无论是区域内哪里发生了重大灾情、灾害，国家电网公司总是在第一时间做出动员和应对，保证"电力先行"，保障了应急救灾系统的顺畅运行。

二、成为坚决贯彻执行党中央决策部署的重要力量

国家电网公司在贯彻执行党中央决策部署方面永远是第一时间做出响应。公司上下认真传达学习习近平总书记的讲话精神，在学习贯彻中找准公司的职责和担当，及时准确采取措施，落实党中央的要求。

三、成为贯彻新发展理念、全面深化改革的重要力量

从十八届三中全会通过中共中央关于全面深化改革若干重大问题决定以来，新一轮改革大潮涌动在神州大地，国家电网公司认真贯彻中央改革部署，精心组织，认真谋划，主动作为，持续健全改革工作机制，推动政策有效落地，各项改革任务扎实有序推进，各部门、各单位认真落实公司党组决策部署，坚持"一盘棋"运作，统一思想、认真履职，有效释放了改革红利，在确保电网安全可靠运行、员工队伍稳定的基础上，实现了改革稳中求进，国有企业改革、电力体制改革取得阶段性成果。

四、成为实施"走出去"战略、"一带一路"建设等重大战略的重要力量

"一带一路"是中国国家战略的重要组成部分，对于我国外交、经济、国防军事等领域都有着至关重要的作用。2013 年以来，国家电网有限公司积极参与"一带一路"建设，实施国际化发展战略，在电网互联互通、境外投资运营、国际产能合作、国际标准制定等方面取得了丰硕成果。

国家电网公司在海外市场，充分发挥了自身在大电网技术、运营、建设、装备等方面的经验和规模优势。不仅扩展的市场规模，更是为中国装备、中国技术标准的国际化做出了贡献。

五、成为壮大综合国力、促进经济社会发展、保障和改善民生的重要力量

电网公司除了保障电力安全稳定的供应，电力价格是最直接能对社会经济产生影响的要素。近年来，国家连续发布降电价政策。虽然直接降低工商业电价对于国网公司的利润产生了不小的影响，但是这也是服务大局，促进经济发展的重要手段。

六、成为我们党赢得具有许多新的历史特点的伟大斗争胜利的重要力量

党的十八大报告指出，发展中国特色社会主义是一项长期的艰巨的历史任务，必须具备进行具有许多新的历史特点的伟大斗争。党的十九大报告强调：实现伟大梦想，必须进行伟大斗争，必须建设伟大工程，必须推进伟大事业。伟大斗争，伟大工程，伟大

事业，伟大梦想，紧密联系、相互贯通、相互作用。就是说，"四个伟大"是一个有机整体，不可分割，必须统一起来理解。国有企业是壮大国家综合实力、保障人民共同利益的重要力量，必须理直气壮做强做优做大，不断增强活力、影响力、抗风险能力，实现国有资产保值增值。从自身来说，国有企业做大做强能践行伟大工程、伟大事业。从服务党和国家发展大局来说，国有企业做大做强可以用最大限度来支持党的伟大斗争。无论是志愿防疫救灾，还是脱贫攻坚；无论是建设"一带一路"，还是降低工商业电价，国网公司都永远以党和国家的事业为第一要务，成为我们党赢得具有许多新的历史特点的伟大斗争胜利的重要力量。

问题十七：工作中如何做好时间管理？

做好时间管理，是实现人生规划的保证。每个人都有自己的梦想，或者都有自己理想中的生活目标。所谓人生规划，无外乎就是做自己想做的事情，成为自己想成为的人，达到自己预设的目标。

糟糕的时间管理会导致各种不幸的后果，例如，错过最后期限、未能完成项目、未能遵守计划、工作效率低于整体水平，可能导致失业或收入减少。一个不能有效地管理时间的人，对可用时间缺乏清晰的认识，如果不监控自己的时间使用情况，则很可能无法及时完成任务，这种失败通常会导致工作绩效低下和生产力有限。

那么，工作中如何做好时间管理呢？建议采用以下措施。

一、依工作的轻重缓急来安排优先顺序

先做紧迫而重要的事，再做不紧迫而重要的事，其次才是紧迫而不重要的事，不紧迫而不重要的事摆在最后。

二、制定每日工作方案

在前一天下班时或者第二天上班之前制定每日工作方案。方案中明确一天要完成的任务，安排好先做哪件事，后做哪件事，预估每样事情所要花的时间，明确每件事情完成的时间节点。

三、挑战效率最高点

每个人在每个时间段做事的效率不同。你可以试试找出自己一天中哪个时间段做事效率最高，把最重要的事情放在最有效率的时间点来做。同时设法提高处理例行事务的效率，集中全力应付重要任务。

四、提升业务能力

个人业务能力的提升能有效提升工作效率。通过不断学习、交流，了解和掌握新工具、新工艺、新流程，充分利用新资源提升和改善工作效率。

问题十八：什么是物质文化？

了解物质文化，我们要从三个方面入手，即：物质文化的含义，物质文化的内容，物质文化的建设原则。

一、企业物质文化的含义

企业物质文化即企业文化的物质层，是企业形象的轮廓和骨架，是指由企业职工创造的产品和各种物质设施等构成的器物文化，是一种以物质形态为主要研究对象的表层企业文化，是企业文化其他层面的外现。企业物质文化是企业文化的重要组成部分，是整个企业文化的物质基础，也是企业生存发展的前提要素，对于企业具有举足轻重的价值和意义。

二、物质文化的内容

物质文化是企业文化建设的一个重要环节，是企业文化建设的重要内涵。有专家认为，物质文化的基本定义是，反映人与自然的物质转换关系的物质文化，是由"物化的知识力量"所构成，包括人类对自然加工时创制的各种器具，是可触知的具有物质实体的文化事物，即人们的物质生产活动方式和产品的总和。物质文化不单指"物质"，更重要的是强调一种文化或文明状态。企业物质文化的主要内容有以下特点。

1. 企业标识：包括企业名称、标志、标准字、标准色、吉祥物等，这是企业物质文化最集中的外在体现。

2. 企业外貌、自然环境、建筑风格、办公室和车间的设计与布置方式、绿化美化情况、污染的治理，等等。

3. 产品及其特色、式样、外观和包装以及售后服务，产品的这些要素是企业文化的具体反映。

4. 技术工艺设备及其特性。

5. 厂徽、厂旗、厂歌、厂服、厂花。

6. 企业的文化体育生活设施。

7. 企业造型和纪念性建筑，包括厂区雕塑、纪念碑、纪念墙、纪念林、英模塑像，承载企业历史的博物馆、展示馆，等等。

8. 企业纪念品。

9. 企业文化传播网络，包括企业自办的报纸、刊物、有线广播、闭路电视、计算机网络、宣传栏（宣传册）、广告牌、招贴画，等等。

三、企业物质文化的建设原则

1. 品质文化原则。品质文化原则就是强调企业产品的质量。一个企业的经营，品质是非常重要的。而品质的打造与质量息息相关，品质所表现出来的质量，是企业的角度，而品质的质量是消费者的角度，这两个质量是一个品质的核心所在。

2. 系统运作的原则。物质文化是企业的"铸基"和"铸魂"工程，需要坚持不懈的努力。它的建设是一个渐进过程，必须运用系统论的方法，搞好整体设计，分步推进，分层次落实。必须明确总体目标和阶段性目标，管理层应该做什么、怎么做，实践层应该做什么、怎么做，只有上下勠力同心，协调运作，才能把物质文化建设的任务落实到实际工作中去。

3. 以人为本的原则。以人为本就是把人视为管理的主要对象和企业最重要资源。企业文化模式必须以人为中心，充分反映人的思想文化意识，通过企业全体人员的积极参与，发挥首创精神，企业才能有生命力，企业文化才能健康发展。

4. 顾客愉悦原则。只有让顾客满意了，我们的企业才有可能在历史的潮流中生存下来，才有可能成为百年企业，顾客满意又包括了品质、质量、价格，等等，只有让顾客满意了才有可能让顾客成为回头客，为企业创造更多的利润，才能不断激发员工的积极性，那么员工的精神风貌绝对是不一样的。如何处理好与顾客之间的关系，为企业的生存发展创造一个良好的环境，"顾客愉悦"是其中很重要的一条。

5. 技术审美原则。现代产品，从某种意义上说是科技和美学相结合的成果。

6. 突出特色原则。物质文化是一门应用性、实践性很强的科学，工作中必须运用创新的方法去思考，去实践。

问题十九：企业物质文化中的职业道德如何体现？

一、企业标识如何体现职业道德

职业道德是社会道德体系的重要组成部分，一方面具有社会道德的一般作用，另一方面又具有自身的特殊作用，既能调节职业交往中从业人员内部以及从业人员与服务对象间的关系，有助于维护和提高本行业的信誉，促进本行业的发展，更有助于提高全社会的道德水平。企业标识又是人们通过视觉认识企业的一种形式，一种包含着特殊意义的符号，以精练之形传达特定含义和信念，是人们相互交流、传递信息的视觉语言。它不仅是一个简单的符号，而且承载着企业的无形资产，是企业综合信息传递的媒介。所以，在企业标识中融入职业道德，就势在必行了。

二、企业环境和建筑物蕴含的职业道德

企业工作环境是企业员工从事产品生产和服务的场所，是员工得以发挥能力水平的平台。企业发展战略的任何一个步骤、一个重点、一个层次、一个部分、一个阶段，都要在这个平台上得以实现。这个平台是企业发展的核心，所以企业工作环境中的实物形态和人文形态，从视觉传达到感觉表象，从视听环境到视觉环境，从外形特征到内部装饰，从道路走向到植被绿化，从设施布局到物流走向，都要给社会公众和利益相关者和谐、整洁、有序、蓬勃向上的精神气质和管理态势，给人以深刻印象，以表明这是一个向上的，对社会负有重大责任的企业。当企业员工、社会任何人员走入企业，从入口处就明显地感到其与众不同，标语设计、环境设计都向人们展示了企业的文化坐标和道德指向。从中外知名企业看每一家企业的工作环境无不都是如此。在工作环境、建筑物这一外在形式上，彰显出企业的文化价值观和道德价值指向，其共同点总是表现出：向上、进取、团结、文明、对利益相关者负责、对社会负责、对环境生态负责的职业道德素养和风范。企业的制度文化、行为文化、精神文化总是在物质环境、在企业工作环境中体现出来。以人为本的制度文化、对社会负责的催人向上的行为文化、价值提升的精

神文化，总是在企业工作环境中得以表达和实现。纵观国际知名大企业和国内竞争力强的知名企业，无不都在企业工作环境中精湛地设计企业的文化价值和职业道德指向，作为核心价值体系在环境中表达，向员工宣示企业的文化和道德似润物无声，给员工以视觉、行为、理念的传达，滋润孕育员工的文化价值和道德规范。而企业生活环境，则以整洁、有序、宽松、健康的形象体现企业的职业道德和文化价值指向。

企业建筑物作为企业最突出的物质形式，作为文化的积淀，除反映民族文化内涵外，还要反映企业的道德价值指向。从视觉传达、听觉传达、表象记忆上，给员工和社会各层人员、利益相关者以庄重平和、历史传统、现代气息、持续发展、社会支柱的形象显示，它给人的是时代的前进的发展的继承着民族、国家使命的，对社会有责任心的一种道德形象表达。

三、职业道德在企业产品和服务中的彰显

产品和服务是企业文化价值、职业道德在物质形态上的积淀和彰显，企业的文化价值、职业道德形象、社会责任风范、国家民族使命的担当都要在企业的产品和服务中体现出来。企业的产品和服务是向社会和利益相关者提交企业操守和品性的资质。对社会负有责任对国家负有使命的企业，在追求经济利益的同时，都注重产品和服务所彰显的文化价值和企业的职业道德形象。从产品的造型设计和产品制造上，千方百计地反映消费者的审美情趣、文化传统、时代气息，触发引领消费者的消费新观念，创造消费者新的消费方式。以健康、新颖、时尚、安全、亲和、诚信、资源节约、环境友善的现代产品设计和制造体现企业道德形象、文化价值、社会责任、民族使命。在产品服务中，从广告的视觉张力开始，到包装的设计，又到产品的运输都彰显责任等职业道德元素。企业产品的设计、制造、销售、售后服务的整个过程，实际上是企业彰显职业道德形象的过程。

问题二十：什么是企业标识？

了解企业标识，我们要了解两个方面的内容，即：什么是企业标识，企业标识包括的内容。

一、什么是企业标识

企业标识是企业文化的表征，是体现企业个性化的标志，包括企业名称、标志、标准字、标准色等。它要求具有自身特色，能达到使人过目不忘的效果。

企业标识是通过造型简单、意义明确的统一标准的视觉符号，将经营理念、企业文化、经营内容、企业规模、产品特性等要素，传递给社会公众，使之识别和认同企业的图案和文字。企业标识是视觉形象的核心，它构成企业形象的基本特征，体现企业内在素质。企业标识不仅是调动所有视觉要素的主导力量，也是整合所有视觉要素的中心，更是社会大众认同企业品牌的代表。

二、企业标识包括的内容

（一）企业名称

在企业识别要素中，首先要考虑的是企业名称。企业名称一般由专用名称和通用名称两部分构成。前者用来区别同类企业，后者说明企业的行业或产品归属。名称不仅是一个称呼、一个符号，还体现企业在公众中的形象。企业名称可以由国名、地名、人名、品名、产品功效等形式来命名，同时还应考虑艺术性，应当尽可能运用寓意、象征等艺术手法。

1. 企业名称的基本要素。
构成企业名称的四项基本要素：行政区划、字号、行业或经营特点、组织形式。
2. 确定企业名称应遵守的规范要求。
企业法人必须使用独立的企业名称，不得在企业名称中包含另一个法人名称；企业名称应当使用符合国家规范的汉字，民族自治地区的企业名称可以同时使用本地区通用的民族文字；企业名称不得含有有损国家利益或社会公共利益、违背社会公共道德、不符合民族和宗教习俗的内容；企业名称不得含有违反公平竞争原则、可能对公众造成误认、可能损害他人利益的内容。企业在申请、使用企业名称时，不得侵害其他企业的名称权；企业名称不得含有法律或行政法规禁止的内容。企业名称不仅应符合《企业名称登记管理规定》的有关规定，同时也应符合其他国家法律或行政法规的规定。

（二）企业标志

企业标志是通过造型简单、意义明确的统一标准的视觉符号，将经营理念、企业文化、经营内容、企业规模、产品特性等要素，传递给社会公众，使之识别和认同企业的图案和文字。

企业标志承载着企业的无形资产，是企业综合信息传递的媒介。标志作为企业 CIS 战略的最主要部分，在企业形象传递过程中，是应用最广泛，出现频率最高，同时也是最关键的元素。

企业标志，可分为企业自身的标志和商品标志。

企业标志的主要特征有识别性、领导性、同一性、造型性、延展性、系统性、时代性和艺术性等。

1. 识别性：识别性是企业标志的基本功能，借助独具个性的标志，来区别本企业及其产品的识别力，是现代企业市场竞争的"利器"。

2. 领导性：企业标志是企业视觉传达要素的核心，也是企业开展信息传达的主导力量。

3. 同一性：标志代表着企业的经营理念、企业的文化特色、企业的规模、经营的内容和特点，因而是企业精神的具体象征。

4. 造型性：企业标志设计展现的题材和形式丰富多彩。

5. 延展性：企业标志是应用最为广泛，出现频率最高的视觉传达要素，必须在各种传播媒体上广泛应用。

6. 系统性：企业标志一旦确定，随之就应展开标志的精致化作业，其中包括标志与其他基本设计要素的组合规定。

7. 时代性：现代企业面对发展迅速的社会、日新月异的生活和意识形态、不断变化的市场竞争形势，其标志形态必须具有鲜明的时代特征。

8. 艺术性：企业标志图案是形象化的艺术概括，它用特有的审美方式，生动具体的感性描述和表现，促使标志主题凸显，从而达到准确传递企业信息的目的。

（三）标准字

标准字指企业或品牌形象的专用字体。

（四）标准色

标准色是企业根据自身特点选定的某一色彩或某一组色彩，用来表明企业实体及其存在的意义。

（五）吉祥物

吉祥物能够拉近与消费者之间的距离，是最优秀的形象大使，是传播企业文化的重要载体。

问题二十一：什么是企业环境和建筑物？

一、企业环境

企业环境是企业文化的一种外在象征，它体现了企业文化个性特点。从宏观上来说，企业环境主要是指与企业生产相关的各种物质设施、厂房建筑、职工的生活娱乐设施，一般包括工作环境和生活环境两个部分。

（一）工作环境

工作环境的构成因素很多，主要包括两部分内容：一是物理环境，包括视觉环境、温湿环境、嗅觉环境、营销装饰环境等；二是人文环境，主要内容有领导作用、精神风貌、合作氛围、竞争环境，等等。

（二）生活环境

企业的生活环境包括企业员工的居住、休息、娱乐等客观条件和服务设施，企业员工本身及其子女的学习条件。这些方面的好坏也会影响企业员工的工作热情和工作质量。因此在优化企业生产环境的同时，要注重优化企业的生活环境，包括改善企业员工的居住、休息娱乐等条件和相关服务设施，为企业员工本身及其子女提供良好的学习条件，使职工免去后顾之忧，从而更加专注于工作中、员工幸福感将成为商业战略的一部分，不仅有益于员工，还能提高工作效率，并建立更强大的企业文化。

二、影响企业环境的因素

企业环境是一些相互依存、互相制约、不断变化的各种因素组成的一个系统，是影响企业管理决策和生产经营活动的现实各因素的集合。任何一个企业和社会组织都是存在于环境之中的。企业环境可分成微观环境和宏观环境。微观环境包括那些直接影响企业履行其使命状况的行动者、供应商、各种市场中间商、顾客、竞争对手等。宏观环境包括那些影响企业微观环境中所有行动者的较广泛的社会力量或因素，包括人口的、经济的、技术的、政治的、法律的，以及社会文化方面的力量和因素。

（1）人口环境。

人口环境主要有人口规模、地理分布、年龄分布、迁移等因素。

（2）经济因素。

企业的经济环境包括：宏观经济形势，如国民经济发展水平及其发展趋势，政府财政。金融情况；本行业在整个经济体系中的地位和行业特点；企业的直接经济环境，包括人均实际收入、平均消费取向、消费支出分配模式。

（3）自然环境。

一个国家的自然资源与生态环境，包括生产的布局、人的生存环境、自然资源、生态平衡等方面的变化，也会给企业造成一些环境威胁和机会，因而也是企业经营战略制定所必须重视的问题。

（4）技术环境。

世界上最近几十年中，科学技术发展很快，使产品结构发生了巨大的变化，整个世界处在新的产业革命时期。

（5）政治和法律环境。

指那些强制或影响社会上各种组织和个人的法律、政府机构和利益集团。

（6）社会文化环境。

社会文化环境是指社会结构、社会风俗、习惯、信仰、价值观念、行为规范、生活方式、文化传统等。

三、企业的建筑物

从中外建筑与各自文化背景之间的联系，可看出一定时期的建筑反映了当时的文化。而企业文化理论也是建立在特定文化背景下，企业建筑是企业物质文化的重要组成因素，建筑的综合环境效应又能对人产生影响。因此，建筑师在对企业的建筑物进行设计时要考虑该企业的企业文化，将企业文化融入企业建筑物。中国企业文化与传统文化同属文化的范畴，两者功能上相似性特征明显。外国企业文化进入中国后，能较快融入中国文化体系、焕发出强劲的生命力，与生存的土壤和与主宰生存土壤的传统文化作用上的相互性密切相关。首先，传统文化能为企业文化生存提供合适土壤。将企业的形象战略应用到企业的建筑物上。企业形象指社会公众和企业职工对企业整体的印象和评价，可以通过公共关系活动来建立和调整。

问题二十二：什么是企业的产品与服务？

一、什么是企业的产品

产品是指作为商品提供给市场，被人们使用和消费，并能满足人们某种需求的任何东西，包括有形的物品、无形的服务、组织、观念或它们的组合。产品一般可以分为五个层次，即核心产品、基本产品、期望产品、附加产品、潜在产品。产品概念是企业想要注入顾客脑中关于产品的一种主观意念，即用消费者的语言来描述公司产品。一般用文字来表达或用图片来描述产品概念。产品概念从本质上说就是产品卖给消费者的是什么利益点，即满足消费者的是什么需求点。任何产品都有其市场存在的理由，这些理由是因为消费者对该产品的利益存在着一定的需求。

二、产品是企业信息的综合体现

企业把科技、生产、工艺、材料、市场促销、媒体传播、经济、社会、人文等多种学科的互动与协调，物化为产品。就是说，作为一个生产产品的企业，在其产品上会给人们提供一种综合的、全方位的信息，通过该企业的产品，人们可以了解其科学合理的企业管理、严格的质量管理、创新的设计理念、精湛的工艺技术、高效的生产管理、完善的售后服务。产品可以折射出多种信息，从而营造出脍炙人口的品牌，进一步塑造良好的企业形象。因此，企业形象最终都会体现在它的产品上。

三、如何了解企业的产品和服务

很多企业抓质量工作，为什么总抓不出成效？原因其实很简单：治标不治本。现实中，我们都知道抓产品质量的重要性，一些企业也确实下了较大的力气来抓，但是，十有八九的做法是治标不治本。比如有的企业强调"以罚代管"，即在产品质量出了问题后，对有关部门的责任人进行处罚，希望通过杀一儆百，发挥威慑作用，避免以后再出事故。有的企业片面地认为，抓产品的质量只是制造部门的事情，产品出了质量事故，追究责任只能追究制造部门的人员。事实证明，这样做是偏颇的，无法从根本上解决问题。抓产品的质量工作，必须从根本上抓起，治标更要治本：

1. 建立一把手质量负责制。
2. 制定严格的质量管理标准。
3. 加强质量管理的过程控制。
4. 强化质量管理的执行力。

四、产品的生命周期

产品的生命周期，也称"商品生命周期"，是指产品从准备进入市场开始到被淘汰退出市场为止的全部运动过程，是由需求与技术的生产周期所决定，是产品或商品在市场运动中的经济寿命，也即在市场流通过程中，由于消费者的需求变化以及影响市场的其他因素所造成的商品由盛转衰的周期。主要是由消费者的消费方式、消费水平、消费结构和消费心理的变化所决定的。一般分为导入（进入）期、成长期、成熟期（饱和期）、衰退（衰落）期四个阶段。

五、不同周期内的产品营销策略

1. 介绍期的营销策略。
2. 成长期市场营销策略。
3. 成熟期市场营销策略。
4. 衰退期市场营销策略。

问题二十三：国家电网有限公司的企业标志及其含义是怎样的？

国家电网公司的企业标识有着极其丰富的含义，标志（Logo）的设计理念也在一定程度上反映了国家电网的服务宗旨、国家电网的奋斗目标，以及国家电网的职业道德，等等。标志的设计总体呈一个圆形，主体有着横竖各两条呈弧形弯曲的不均匀线条，外围印着"国家电网公司"六个汉字，以及与"国家电网公司"六个汉字相对应的英文"STATE GRID CORPORATION OF CHINA"。

一、标识含义

1. 球形的标志涵盖了国有大企业无限发展的特征，突出了企业实力。

2. 圆形图案是企业团结、力量的象征。又寓意在新的市场格局中，企业与客户互惠互利，共同发展的和谐关系。

3. 纵横相交的二组经纬代表了国家电网公司"经营电网"的核心业务，也寓意能源安全、合理、及时的传输。

4. 标志的标准色为深绿色，代表国家电网公司向社会提供的是洁净能源。

5. 标志外环是企业的名称。这种国际化的组合赋予标志极大的亲和力，视觉效果友好、真诚，突出了企业服务的性质，树立了良好的社会形象。

6. 标志集图案和名称于一体，使于今后推广使用时简捷迅速。

二、发展演变

1. 2004年，国家电网公司开始进行品牌推广工作。最初的国家电网标志由一个平面的球形标志和"国家电网"STATE GRID中英文组成。

2. 2006年，国家电网公司又组织对 VI 手册进行了第二次修改，对第一版 VI 手册存在的缺陷进行了修订和完善。

3. 2009年，国家电网公司对 VI 手册进行了第三次修订，发布了国家电网品牌推广应用手册第三版。此版中将国家电网球形标志修改为立体标志，并广泛应用于国家电网公司及其各级下属单位的门楣、地标等场所。

4．2010年，国家电网公司营销部发布了《国家电网公司标准化供电营业建设手册（2010）》版，对供电营业厅办公家具、门楣、办公用品、装修等涉及国家电网标志的细节进行了明确阐述和规定，对各级供电营业厅的形象统一起到了促进作用。

5．2011年，国家电网公司对外联络部发布了《国家电网品牌口号组合标识推广应用手册》。手册中对2009第三版VI做了部分修改，增加了"你用电我用心"的元素，国家电网便民伞、纸杯、不干胶贴、户外广告旗等制品都相应做了调整，使之更符合品牌传播的需要。

问题二十四：国家电网有限公司有哪些规章制度？

一、企业规章制度的内容

企业规章制度是企业为实现自身目标对员工的行为给予一定限制的文化，它具有共性和强有力的行为规范的要求。它规范着企业中的每一个人。企业的领导体制、企业组织结构、企业的各项规定或条例，包括人事制度、生产管理制度、民主管理制度等一切规章制度都是企业制度文化的内容。企业的制度文化是行为文化得以贯彻的保证。企业的制度文化是由企业的法律形态、组织形态和管理形态构成的外显文化，它是企业文化的中坚和桥梁，能够把企业文化中的物质文化和理念文化有机地结合成一个整体。

规章制度是一个制度与价值观相互关系范畴。制度文化主要揭示企业制度与企业价值观的内在关系。在内容上，企业制度文化一般是指创造或确立企业制度内容的价值观或管理制度表达的组织价值观。因此，企业制度文化也可以称为创造企业制度的价值观。如某家公司是以服务客户为理念的，其全部规章制度内容的核心都要体现服务精神。

企业规章制度是企业用于规范企业全体成员及企业所有经济活动的标准和规定，它是企业内部经济责任制的具体化。企业规章制度对本企业具有普遍性和强制性，任何人、任何部门都必须遵守。企业规章制度大致可分为企业基本制度、企业工作制度和企业责任制度。企业规章制度的制定，应体现企业经济活动的特点和要求。企业规章制度的制定要以《中华人民共和国劳动法》为具体依据，不能出现违背相关法律的条款。

二、国家电网公司的规章制度

为大力弘扬社会主义核心价值观和"努力超越、追求卓越"的企业精神，规范员工管理，加强队伍建设，激发广大员工的工作积极性和创造性，促进企业和谐健康发展，依据《中华人民共和国劳动法》和《中华人民共和国劳动合同法》等国家有关法律法规，结合国家电网公司（以下简称"公司"）实际，公司制定了一系列规章制度，如"95598"客户服务热线服务规范：

1. 时刻保持电话畅通，电话铃响 4 声内接听，超过 4 声应道歉。应答时要首先问候，然后报出单位名称和工号。

2. 接听电话时，应做到语言亲切、语气诚恳、语音清晰、语速适中、语调平和、言简意赅。应根据实际情况随时说"是""对"等，以示在专心聆听，重要内容要注意重复、确认。通话结束，须等客户先挂断电话后再挂电话，不可强行挂断。

3. 受理客户咨询时，应耐心、细致，尽量少用生僻的电力专业术语，以免影响与客户的交流效果。如不能当即答复，应向客户致歉，并留下联系电话，经研究或请示领导后，尽快答复。客户咨询或投诉叙述不清时，应使用客气周到的语言引导或提示客户，不随意打断客人的话语。

4. 核对客户资料时（姓名、地址等），对于多音字应选择中性词或褒义词，避免使用贬义词或反面人物名字。

5. 接到客户报修时，应详细询问故障情况。如判断确属供电企业抢修范围内的故障或无法判断故障原因，应详细记录，立即通知抢修部门前去处理。如判断属客户内部故障，可电话引导客户排查故障，也可应客户要求提供抢修服务，但要事先向客户说明该项服务是有偿服务。

6. 因输配电设备事故、检修引起停电，客户询问时，应告知客户停电原因，并主动致歉。

7. 客户打错电话时，应礼貌地说明情况。对带有主观恶意的骚扰电话，可用恰当的言语警告后先行挂断电话并向值长或主管汇报。

8. 客户来电发泄怒气时，应仔细倾听并做记录，对客户讲话应有所反应，并表示体谅对方的情绪。如感到难以处理时，应适时地将电话转给值长、主管等，避免与客户发生正面冲突。

9. 建立客户回访制度。对客户投诉，应 100％跟踪投诉受理全过程，5 天内答复。对故障报修，必要时在修复后及时进行回访，听取意见和建议。

问题二十五：国家电网有限公司的产品和服务是什么？

一、什么是产品及服务

企业生产的产品和提供的服务是企业生产经营的成果，它是企业物质文化的首要内容。传统的产品以及对它的解释，常常局限在产品特定的物质形态和具体用途上，而在现代市场营销学中，产品则被理解为人们通过交换而获得的某种需求的满足，归结为消费者和用户期求的实际利益。由此，产品概念所包含的内容大大扩充了，产品是指人们向市场提供的能满足消费者或用户某种需求的任何有形产品和无形服务。有形产品主要包括产品实体及其品质、特色、式样、品牌和包装；无形服务包括可以给买主带来附加利益和心理上的满足感及信任感的售后服务、保证、产品形象、销售者声誉等。

产品是指作为商品提供给市场，被人们使用和消费，并能满足人们某种需求的任何东西，包括有形的物品、无形的服务、组织、观念或它们的组合。产品一般可以分为五个层次，即核心产品、基本产品、期望产品、附加产品、潜在产品。产品概念是企业想要注入顾客脑中关于产品的一种主观意念，就是用消费者的语言来描述你的产品，即如何向老百姓简单明白地介绍产品。一般用文字来表达或用图片来描述产品概念。产品概念从本质上说就是产品卖给消费者的是什么利益点，即满足消费者的是什么需求点。任何产品都有其市场存在的理由，这些理由是因为消费者对该产品的利益存在着一定的需求。企业把科技、生产、工艺、材料、市场促销、媒体传播、经济、社会、人文等多种学科的互动与协调，物化为产品。就是说，作为一个生产产品的企业，在其产品上会给人们提供一种综合的、全方位的信息，通过该企业的产品，人们可以了解其科学合理的企业管理，严格的质量管理，创新的设计理念，精湛的工艺技术，高效的生产管理，完善的售后服务。产品可以折射出多种信息，从而营造出脍炙人口的品牌，进一步塑造良好的企业形象。因此，企业形象最终都会体现在它的产品上。

抓产品的质量工作，必须从根本上抓起，治标更要治本，在具体过程中，应做到以下四点：①建立一把手质量负责制；②制定严格的质量管理标准；③加强质量管理的过程控制；④强化质量管理的执行力。

二、国家电网公司的产品

国家电网的核心业务是坚强智能电网。电网是高效快捷的能源输送通道和优化配置平台，是能源电力可持续发展的关键环节，在现代能源供应体系中发挥着重要的枢纽作用，关系国家能源安全。2010年以来，国家电网规模增长近一倍，保障了经济社会发展对能源电力的需求。2017年，公司经营区全社会用电量5.0万亿千瓦时，最高用电负荷8.3亿千瓦，装机13.8亿千瓦。截至2017年底，110（66）千伏及以上输电线路长度98.7万公里、变电（换流）容量43.3千亿伏安。

此外，国家电网还开辟实施"一带一路"建设，这是我国适应和引领全球化、构建全方位开放发展新格局的重大举措。近年来，国家电网公司遵循共商、共建、共享和平等互利的原则，立足主业，发挥企业优势，积极服务和参与"一带一路"建设，成功投资运营巴西、菲律宾、葡萄牙、澳大利亚、意大利、中国（香港）、希腊等7个国家和地区骨干能源网，在全球设立10个办事处，在美国和德国设立研究院。国家电网公司在推进"一带一路"建设和国际化发展过程中，坚持长期战略，实施本土化运营；坚持规范运作，实现长治久安；坚持共享发展，促进合作共赢。国家电网公司投资和承建的项目均关系当地经济社会发展，是各个国家和地区的重要基础设施，所有项目运营平稳、管理规范，得到当地社会和监管机构的充分肯定和高度评价，建立了良好的国际信誉。国家电网公司多个项目在国际上成为"金字名片"，为当地创造经济、社会和环境价值，树立了负责任的国际化企业形象。

作为服务型企业，供电企业的优质服务既是广大电力客户的需求，也是企业自身发展的客观要求。公司以"优质、方便、规范、真诚"的服务方针，通过规范服务流程、强化服务理念、完善服务标准、认真履行供电服务承诺等，全心全意提升服务质量，千方百计满足客户需求。试想，如果我们在接待工作中或与客户的交谈中，冷淡客户、恶语相向，我们所做的一切努力都将是徒劳。

问题二十六：如何有效开展企业文化建设？

一、企业文化与员工归属感的关系

（一）企业物质文化培育员工归属感

企业物质文化是企业最表层的文化，需要以企业生产产品、提供服务、企业设备、企业名称等为载体而表现出来，并依靠这些载体在企业文化建设与企业生产或服务中发挥作用。企业产品和服务是企业物质文化的核心，是在市场上体现企业核心竞争力的依据，而企业的产品和服务往往是通过员工来实现的，因此，如果企业产品和服务要具备核心竞争力，就离不开优秀的员工。良好的企业物质文化能够为企业产品和服务提供附加值，而获得的附加价值的产品或服务则更容易在市场中获得竞争优势，进而使企业获得成功，这部分成功则需要将功劳归属于企业员工，进而使得员工获得企业荣誉感，激发员工更加尽职努力，提升员工的企业归属感。

（二）企业行为文化增强员工归属感

企业行为文化是企业文化的浅层文化，包括集体行为文化和个体行为文化。一般来说，企业的个体行为文化是指企业领导在企业经营决策中所展现出来的精神和价值观。一个优秀的企业家具备卓越的才能和全局的思维，能够在企业运营决策中展现自己的才能，引领企业向更高的层面发展。这样的个体行为文化往往能够感染员工，使员工潜移默化的增强对企业的认同感。此外，企业集体行为文化则是由企业全体员工共同构成的文化，其代表了企业的文化氛围，积极向上的集体行为文化能够使全体员工认识到企业行为文化是自己宝贵的精神财富，进一步增强企业归属感。

（三）企业制度文化激励员工归属感

企业制度文化是企业文化的中层文化，它是企业各种规章制度、行为规范的总和。制度在企业日常生产运营中发挥着重要的作用，它是规范企业员工思想行为的重要手段。通常来说，企业的制度不仅具有规范性、纠正性和引导性，而且还需要具有较强的说服力和信服力，这样才能使员工愿意接受该制度，进而使企业文化更加稳定。企业制度文化具有一致性，对于每位员工具有同等约束力和规范性，因此良好的企业制度文化能够增加员工对企业的满意度和认同感，能够在从事企业生产或服务过程中感受到安全感依托感。"以人为本"的企业制度文化可以体现对员工的尊重和重视，使员工感受到自己是企业不可或缺的一员，这无疑能够激励员工的企业归属感。

（四）企业精神文化提升员工归属感

企业精神文化是企业文化的核心层，通常对于一个企业而言，企业经营哲学、企业精神、企业价值观和道德观共同构成了企业精神文化，这也代表了企业文化的精髓和内涵。良好的企业精神文化能够营造出积极的氛围，能够激起员工内心的情感共鸣，增强企业活力。企业精神文化是在长期的企业经营活动中由企业领导层与员工共同构建的，因此优秀的企业精神文化能够在企业价值观与员工价值观之间找到均衡点，使员工的个人精神需求得到满足，激发他们的内在感召力和企业归属感。

二、基于员工归属感的企业文化建设目标与原则

（一）企业文化建设目标

基于员工归属感的企业文化建设目标，一方面是为了培育新时代的先进文化，另一方面是为了培育新时代的先进人才。企业只有在新时代文化背景下，坚持同一目标，建立与社会主义文化相一致的文化体系，才能够让企业具备源源不断的竞争力。企业文化需要依靠员工发展，企业文化建设的目标在于促进企业与员工的共同发展，这样才能够使企业与员工在共同的进步中实现蜕变。

（二）企业文化建设原则

首先，企业文化建设需要遵循以人为本的原则，这是激发员工企业归属感的根本。企业文化建设要时刻关注员工的思想、情感、道德、人格等需求和状态，要尊重和注重员工的心理，做到全方位关心员工；其次，企业文化建设需要遵循继承与创新兼顾的原则，既要继承企业传承下来的优秀企业文化精髓，又要紧跟时代发展步伐而不断创新，确保企业文化与时俱进；再次，企业文化建设需要遵循整体发展原则，需从企业文化的物质层、制度层、精神层和行为层四个层面共同入手，实现共同发展；最后，企业文化建设需遵循集体参与原则，需要重视企业中每个员工的参与，切不可实行单独领导制，

因为企业文化是围绕员工而展开的，必须让员工参与进来，让员工始终感受到在企业中被尊重，这样才有利于激发他们的企业归属感。

三、基于员工归属感的企业文化建设对策

（一）建设给予员工归属感的物质文化

首先需要树立特色的企业形象，将企业品牌发展成为具备广泛市场认知、高度市场认同的品牌；其次需要创设人文关怀的工作环境，使员工在优良的企业环境氛围中获得高品质心理感受，在潜移默化中认同企业；最后要打造独特的核心技术和产品、服务，提高员工对企业的认同感。

（二）建设基于员工归属感的行为文化

首先要树立高素质高能力的领导风范，从个人行为文化上加强建设力度；其次要树立模范人物的榜样作用，以榜样来引导员工的行为习惯，榜样的选择需要来自普通员工群体，并使其作为企业形象的重要组成部分而存在；最后要开展科学健康的文娱活动，包括体育运动，与企业经营和技术开发、服务相关的科学讲座，组织浏览参观活动，创办兴趣小组等。

（三）建设给予员工归属感的制度文化

首先需要建设竞岗轮岗的用人制度，体现以人为本的企业文化，以岗位为载体帮助企业发现和培养人才，形成企业良性竞争机制，激发员工的工作热情和动力；其次需要建设效率兼顾公平的薪酬考核制度，要体现多劳多得的原则，充分激发和调动员工的积极性；最后要建设以技能为重点的培训制度，重视员工的技能发展。

（四）建设给予员工归属感的精神文化

首先需要确立企业的发展目标，确保企业目标实实在在，不脱离实际，而且企业目标应该是崇高的，而不是自私的、狭隘的。此外，企业目标应该是企业成员的共识；其次需要建立清晰简明的价值观体系，避免企业一味追求企业文化而使其形式化，企业的价值观体系与企业的经营活动必须紧密联系；最后需要树立不断开拓进取的精神，保持持续稳定的创新发展。

问题二十七：工作中与同事发生争执如何处理？

沟通交流最大的目的是解决问题，而不是制造问题。工作中与同事发生争执时，无意义的争吵只会让问题变得更复杂，让工作得不到开展。作为一个职场人，要学会用一些工具来避免这些争吵，以更好地解决问题。每个人都是独立的个体，都有自己独立的思维和处事方法，在处理工作的时候也是如此。这种情况之下难免会有不同意见，就如同和单位同事因为工作争吵，谁都说服不了谁，都想要把自己的观点强加给别人，那显然是不可能的。其实本质在于双方沟通不畅，没能做到让对方心服口服。

德鲁克说：一个人必须知道该说什么，一个人必须知道什么时候说，一个人必须知道对谁说，一个人必须知道怎么说。在沟通时，我们要尽量做到以下两点。

一、在沟通之前，做好充分的准备

在你与同事沟通交流工作时，一定要做好充分准备。可以提前对自己所要交流沟通的工作内容进行梳理，看哪里有什么缺失。或者针对自己沟通的问题，对方会提出异议时，做好应对之策。

俗话说，打有准备之战，才能更好地获胜。知己知彼，方能百战不殆。正如葛洛夫所言："有效的沟通取决于沟通者对议题的充分掌握，而非措辞的甜美。"

二、学会认知倾听，让别人把话说完

俗话说，心急吃不了热豆腐。在与同事交流沟通问题时，一定要等同事全部讲完再提出自己的意见。

史丹尼斯罗·J. 列克有句名言："有时你必须保持沉默，以便令人听到你的话语。"毕竟你中途打断，对同事来说不礼貌。

歌德曾说过："对别人述说自己，这是一种天性；因此，认真对待别人向你述说的他自己的事，这是一种教养。"在与同事交流沟通的时候，一定要学会认知倾听，让别人把话说完。一方面可以更好地对同事的方案做思考，另外也可以组织完善的语言，说服对方。

三、借用一些工具，来解决交流障碍

作为一个职场人，要学会借用一些工具来解决同事间的交流障碍。这种时候就要用事实证明谁的方案更优，谁的风险系数更低，到时候结果就不言而喻，一目了然了。

比如，利用六顶思考帽对实际问题进行剖析，把问题梳理清楚，这样就能减少你与同事之间的争论。其中六顶思考帽的主要应用步骤如下：

1. 陈述问题事实（白帽）。讲明要交流的真实情况。以使与同事的讨论不偏移话题。

2. 提出如何解决问题的建议（绿帽）。可以阐述双方的观点，避免同事之间的冲突。

3. 评估建议的优点：列举优点（黄帽）。

4. 评估建议的缺点：列举缺点（黑帽）。让双方之间的讨论会更加和谐。

5. 对各项选择方案进行直觉判断（红帽）。

6. 总结陈述，得出方案（蓝帽）。

使用六顶思考帽是一个操作简单、经过反复验证的思维工具，可以让自己与同事之间的讨论变得平和。这个工具能够帮助更好地提出建设性的观点；聆听对方的观点；从不同角度思考同一个问题，从而创造高效能的解决方案。用"平行思维"取代批判式思维和垂直思维。

总之，你与同事的方案和建议各有优劣。交流之后，就能知道谁的更好，可以避免做一些无意义的争执。

问题二十八：如何快速建立良好的人际关系

快速融入一个新的工作团队，减少磨合期，能有助于职场新人提高工作效率，快乐有效地进入工作状态。然而不同的个体有不同的特征，不同的团队也有不同的文化，在了解了某个团队的文化和组织架构之后，才能够较为快速地融入进去。初入职场的新人应该注意以下七个方面。

一、树立信心，以最佳状态进入新工作团队

初入职场的新人需要树立信心，以最佳的工作状态进入到新的团队。新的团队有的地方和我们之前的学习环境有相似之处，有的却明显不一样，甚至是相反的，这种情况下更需要我们充满信心，以饱满的工作热情快速适应并融入工作团队中去。

二、了解新团队的基本特征

当我们进入一个新团队之前，要对这个团队的管理文化、组织架构有所了解。只有在对新团队的基本特征比较清楚以后，我们才能够知道自己适不适合在这个团队工作，也才能够知道自己在这个团队有没有发展以及应该怎样更好地发展。

三、做勤劳的小蜜蜂

一个人的工作能力是可以慢慢积累的，但是做事的态度却是很难改变的，作为一个新人，一定要表现你对于工作的热情和积极，不要因为一点困难就放弃，今日事今日毕，不要把当天的工作留到第二天，拿出100％的努力去完成。

四、积极参加团队活动

进入一个新工作团队以后，多多少少都会有一些陌生，会不如老成员那样熟络，但

是我们应该大方面对，尽量积极主动地参加团队活动。参加团队活动，能够提高我们参与融合在整个团队中的活跃程度，能够促使我们快速地融入新的工作团队中。

五、不谈论团队成员是非

进入一个新工作团队以后，我们要勤恳踏实，做好自己的本职工作。同时不要加入讨论团队成员是非的队伍中去，哪怕其他成员在谈论，自己也不要去谈论团队成员的是非。积极努力地做好本职工作是快速融入一个新工作团队的前提。

六、不论新老成员，大家互帮互助

进入一个新工作环境以后，我们就和新同事们形成了友谊圈。哪怕接触的时间不是很长，在他们需要帮助的时候，我们应该主动去帮助同事。这样，我们在接下来的工作中遇到不懂的问题，同事们也会积极指导和帮助我们。大家互帮互助，能够减少新成员融入团队的时间。

七、不耻下问，谦虚请教前辈

当我们进入一个新工作团队时，要摆正自己的心态，在遇到不懂的问题和不太清楚的工作时主动地请教团队中的老员工。主动请教团队成员尤其是团队老员工，能够让我们对自己的业务更快熟悉起来，能够加强我们与团队成员之间的互动，也就能够促使我们快速地融入一个新工作团队。作为一个新人必须要有新人的样子，无论你以前获得了什么样的成绩，取得了怎么样的成就，在你进到新公司的那一刻，请保持空杯心态，之前的一切归零，所以对于部门的前辈要谦虚请教，更好地熟悉业务流程，才能适应工作。如果前辈有一些刁难或者考验你的地方，不要生气发火，更应该理解他们，尽自己最大的努力去完成前辈的期望。另外注意基本礼仪，对待前辈绝对尊重，不要直呼姓名，不开过火的玩笑。

问题二十九：企业制度文化的内容有哪些？

在企业中，企业制度文化是人与物、人与企业运营制度的结合部分，它既是人的意识与观念形态的反映，又是由一定物的形式所构成的。同时，企业制度文化既是精神文化和制度文化的固定形式，又是塑造精神文化的主要机制和载体，正是由于制度文化的这种中介的固定、传递功能，它对企业文化的建设具有重要作用。

企业制度文化使企业在复杂多变、竞争激烈的环境中处于良好的状态，从而保证企业目标的实现。

一、企业制度文化的性质

企业制度文化是企业为实现自身目标而对员工的行为给予一定限制的文化，它具有规范性。企业制度文化的"规范性"是一种来自员工自身以外的，带有强制性的约束，它规范着企业每一个人，企业工艺操作规程、厂规厂纪、经济责任制、考核奖惩制度等都是它的内容。因此，企业制度文化就是由企业的法律形态、组织形态和管理形态构成的外显文化。

二、企业制度文化的范围

企业制度文化属于企业文化的制度层，一般认为主要包括企业领导体制、企业组织机构和企业管理制度三个方面。

1. 企业领导体制是企业领导方式、领导结构、领导制度的总称，其中主要是领导制度。企业的领导制度，受生产力和文化的双重制约，并随着生产力水平的提高和文化的进步而不断变革。不同历史时期的企业领导体制，反映着不同历史时期的企业文化。在现代企业制度文化中，领导体制影响着企业组织结构的设置，制约着企业管理的各个方面。所以，企业领导体制是现代企业制度文化的核心内容。卓越的企业家就应当善于建立统一、协调的企业制度文化，特别是统一、协调的企业领导体制。

2. 企业组织机构，是指企业为了有效实现企业目标而筹划建立的企业内部各组成部分及其关系。如果把企业视为一个生物有机体，那么组织机构就是这个有机体的骨髓。因此组织机构是否适应企业生产经营管理的要求，对企业生存和发展有很大的影响。不同的企业文化，有着不同的组织机构。大凡优秀的企业总是顺应时势，不断改变企业的组织机构以适应企业目标的变化，从而在竞争中获胜。影响企业组织机构的不仅是企业制度文化中的领导体制，而且企业文化中的企业环境、企业目标、企业生产技术及企业员工的思想文化素质等也是重要因素。组织机构形式的选择，必须有利于企业目标的实现。

3. 企业管理制度是企业为求得最大效益，在生产管理实践活动中制定的各种带有强制性义务，并能保障一定权利的各项规定或条例，包括企业的人事制度、生产管理、民主管理制度等一切规章制度。企业管理制度是实现企业目标的有力措施和手段。它作为职工行为规范的模式，能使职工个人的活动得以合理进行，同时又成为维护职工共同利益的一种强制手段。因此，企业各项管理制度，是企业进行正常的生产经营管理所必需的，它是一种强有力的保证。优秀企业文化的管理制度必然是科学、完善、实用的管理方式的体现。

问题三十：企业规章制度的作用有哪些？

企业规章制度是企业经营活动保持稳定运转的信号系统，它把企业周而复始的行为以明确、具体的程序和标准固化，使企业精神、理念通过制度形式表现出来。企业制度文化规定了企业行为中哪些应该做、好好做，哪些不该做、不能做，顺"规"者奖，逆"规"者罚，通过鼓励与约束、赞赏与惩处，最终达到企业控制的目标。企业规章制度的重要作用主要有以下四个方面。

一、正面引导和教育作用

规章制度作为企业内部规范员工行为的一种准则，具有为员工在生产过程中指引方向的作用。

规章制度公布后，员工就清楚地知道自己享有哪些权利，怎样获得这些权利，应该履行哪些义务，如何履行义务。比如规章制度中规定上下班时间，员工就知道了什么时候是工作时间，什么时候是休息时间，就可以指引员工按时上下班，以防止因迟到或早退而违反劳动纪律。再如，规章制度中规定工作中的行为规范，可以引导、教育员工约束自己的行为，防止出现不良行为。

由此可见，优秀的规章制度通过合理的权利义务及责任的设置，可以使职工能预测到自己的行为和努力的后果，激励其工作积极性。

二、反面警戒与威慑作用

反面的警戒和威慑作用主要体现在以下两个方面。

首先，通过对员工违反规章制度的后果做出规定来威慑员工，使员工能够事先估计到在劳动生产过程中如果作为以及作为的后果，自觉抑制不法行为的发生。

其次，通过对违反规章制度的行为予以惩处，让违反规章制度的员工从中受到教育的同时，也使其他员工看到违反规章制度的后果，达到警戒和威慑全体员工的效果。

三、防患未然与预防争议发生的作用

企业生产劳动的过程，也是劳资双方履行义务、享受权利的过程。劳资双方权利义务的实现需要多种措施来保证，劳动合同、集体合同和国家法规政策是其中的重要保证之一，而企业规章制度也是重要的保证之一。

规章制度不仅可以明确劳资双方的权利和义务，而且还可以更为具体地明确劳资双方实现权利和义务的措施、途径和方法等。

因此，当劳资双方的权利和义务以及权利和义务实现的措施、途径和方法通过规章制度加以明确、具体后，就可以大幅度防止纠纷的发生，从而可以维护企业正常的生产和工作秩序。比如，休息休假属于劳动合同的必备条款，但是劳动合同中可能仅仅涉及假期的种类，至于各类假期的请假条件、请假手续、假期期间的待遇等等一般不会在劳动合同中进行详细约定，这就需要企业在规章制度中对休假进行详细规定，否则，会引起很多纠纷。

四、事后支持与提供处理劳动争议证据的作用

由于劳动关系具有对抗性的一面，因此，企业在劳动生产过程中，劳资矛盾是无法避免的，人力资源管理者所能做到的也只是尽量缓和劳资矛盾，无法消除、杜绝劳资矛盾。

当劳资矛盾爆发无法通过协调解决时，诉诸法律就是唯一的选择。劳动争议仲裁机构和法院审理劳动争议案件时，需要依据国家法规政策、劳动合同、集体合同。由于规章制度涉及劳资双方的权利和义务，裁判机关会依据企业的规章制度来裁判案件。特别是在国家法规、劳动合同和集体合同对纠纷的有关事项规定不明确、不具体时，规章制度就显得尤为重要。

规范的企业则在制定规章制度的时候就充分考虑所有的情形，将可能成为争议焦点的内容加以细化，并用书面的形式固定下来，一旦发生争议，这样的规章制度便能维护企业的合法权益。可以说，规章制度的重要性贯穿于企业管理和纠纷解决的全过程。

关于企业规章制度的作用，大家都清楚了吗？

问题三十一：企业制度文化与精神文化、物质文化与行为文化的关系是怎样的？

企业虽然是一个开放的系统，但它毕竟是一个"组织"，工作在不同"组织"里的人，在思想与行为上必然地要受到组织环境的影响，这种影响正是企业文化的影响，一般把企业文化划分为四个层次：企业精神文化、企业制度文化、企业行为文化和企业物质文化。

（一）企业制度文化与企业精神文化

两者之间是辩证统一的关系。一方面，企业制度文化是一定企业精神文化的产物，它必须适应企业精神文化的要求。人们总是在一定的价值观指导下去完善和改革企业的各项制度，企业的组织机构如果不与企业目标的要求相适应. 企业目标就无法实现。卓越的企业总是经常用适应企业目标的企业组织结构去迎接未来，从而在竞争中获胜。另一方面，企业制度文化又是企业精神文化的基础和载体，并对企业精神文化起着反作用。一定的企业制度的建立，又影响人们选择新的价值观念，成为新的精神文化的基础。企业文化总是沿着精神文化—制度文化—新的精神文化的轨迹不断发展、丰富和提高的。

（二）企业制度文化与企业物质文化

企业物质文化是企业制度文化的存在前提，只有具备一定的企业物质文化才能产生与之相适应的企业制度文化，现代化的生产设备要求形成一套现代化的管理制度，企业制度文化要随着企业物质文化的变化而变化，企业劳动环境和生产的产品发生了变化，企业的组织结构就必须做出相应的变化，否则就不能发挥其应有的效能；而企业制度文化则是企业物质文化建设的保证，优秀的企业制度文化可以促进企业物质文化的形成和发展，没有严格的岗位责任制和科学的操作规程等一系列制度的约束，任何企业都不可能生产出优质的产品，也不可能提供令客户满意的服务。

（三）企业制度文化与企业行为文化

企业的制度文化规定并制约了企业行为文化，同时又是企业行为文化得以正常运行的保证。

说到底，企业制度文化与物质文化、精神文化、行为文化的关系是相互成全，彼此成就，是辩证统一的。关于它们之间的关系你搞清楚了吗？

问题三十二：如何建设企业制度文化？

企业制度文化的建设是指企业文化相关的理念的形成、塑造、传播等过程，要突出在"建"字上。企业文化建设是基于策划学、传播学的，是一种理念的策划和传播，是一种泛文化。

建设企业制度文化概括起来，有以下三个方面。

第一，提炼文化理念。企业为达到自己的根本目标，实现根本宗旨，要提炼或设计出明确的核心价值观和核心理念，并在其指导下，提出每一个分系统的理念或价值观。例如，海尔的企业精神是"敬业报国，追求卓越"，这种精神体现在质量管理上，就是"零缺陷、精细化"；体现在销售上，就是"先卖信誉、后卖产品"；体现在产品开发上，就是"客户的难题就是开发的课题"；体现在市场开发上，就是"创造需求、引导消费"；体现在服务上，就是"零距离、零抱怨、零投诉"……将这些精神理念或价值观进行宣传，让员工学习、体会，进而产生认同。

第二，树立行动典型。当企业提出自己的某一理念或价值观时，个人理念和价值观与企业比较接近的人能够直接认同并接受下来，用这种理念做指导，做出具体行动。这部分人可能是少数。但是，恰恰这少数人就是企业的骨干，企业应该把这部分企业骨干的行为树立为典型，充分利用其示范效应，使理念形象化。这时，原先没有认同理念的员工，一部分会直接模仿骨干的典型行为，产生企业需要的行为，还可能有一部分员工，从典型人物的行为中理解和认同了企业理念与价值观，从而做出企业需要的行为。

第三，强力巩固成果。在企业提出理念、树立典型、制定制度后，还会有极个别员工无视理念与制度的存在，依然我行我素，屡犯制度。这些人一般是企业的"刺头"，如果严格按照制度对其进行惩罚，则会得罪这些人，许多管理者为了不得罪这些人，宁肯不对其进行真正惩罚，那么，管理制度在这些人物身上就会失效。这种失效现象会像瘟疫一样迅速蔓延，很快会波及整个制度体系的有效运行，严重时甚至会使人产生对企业理念与价值观的怀疑，实际上很多企业的文化理念与管理制度就是这样失败的。所以，企业在执行制度过程中，必须使管理者素质过硬，真正使制度的执行公正、公开、公平。这样，通过制度的执行，企业理念与价值观不断得到内化，最终变成员工自己的理念与价值观。

　　通过"三部曲"的实施，企业就可以形成"管理制度与企业文化紧密结合"的企业制度文化体系。在这种体系中，个人价值观与企业价值观相同的员工，会受到极大激励，甚至可以做出"一切以企业利益为重，毫不利己，专门利人"的行为。对个人价值观与企业价值观不相同甚至相反的员工，由于制度规定了员工行为的"底线"，员工可以不认可企业理念，但是不能违背制度规定。一旦发生违背制度的行为，或不按照制度提倡的方式采取行动，要么受到惩罚，要么得不到奖励。于是出于自我利益的考虑，这类员工可能发生既利己也利企业的行为。

问题三十三：制度建设为什么要以人为本？

制度对于企业的意义在于通过建立一个使管理者意愿得以贯彻的有力支撑，使企业管理中不可避免的矛盾由人与人的对立弱化为人与制度的对立，从而可以更好地实现约束和规范员工行为，减少对立或降低对立的尖锐程度，逐渐形成有自己特色的企业文化。

然而，管理制度要成为具有本企业特色的文化内容，还需要有个前提条件，那就是要"得到员工认可"。任何人都不要将这个条件简单化。员工认可是管理制度上升为企业文化的必备步骤之一。把握好这一步骤的关键是把握好制度文化效力点所在的问题，也就是把握好企业精神、价值观的"柔"与制度化管理的"刚"有效结合的问题。把握好这个问题，实际上涉及一种基本的人性和人情观的问题。制度文化的效力点不在别处，而在人的心灵。所以，要适当把握企业精神、价值观的"柔"和制度化管理的"刚"，必须坚持"以人为本"。

如何在保证制度顺畅执行的前提下，尽量减弱人与制度之间的对立，是企业制度文化建设中必须注意的问题。这个问题的实质就是如何在企业制度文化建设的过程中坚持"以人为本"。鼓励员工参与到企业各项制度的制定工作中来，倡导企业的民主管理制度和民主管理方式，是坚持"以人为本"；重视各项制度执行中的反馈意见，广泛接受企业员工和广大服务对象的意见、批评和建议，及时做好有关制度的调整工作，是坚持"以人为本"；完善公开制度，增加工作的透明度，让员工知情、参政、管事，使企（司）务公开工作更广泛、更及时和更深入人心，也是坚持"以人为本"。实践证明，坚持"以人为本"，走群众路线，实践制度"从群众中来、到群众中去"，有利于保证各项制度的合理性和可行性。

问题三十四：如何理解制度与文化的辩证关系？

在企业文化建设过程中，人们对"制度与文化"的认识经常陷入一种误区，或把二者对立起来，或把二者混为一谈，分不清二者在企业管理中的地位与作用。实质上，企业制度与企业文化既存在紧密联系，又相互区别。

一方面，制度与文化是互动的，而且永远是并存的。当管理者认为某种文化需要倡导时，他可能通过培养典型人物的形式，也可能通过开展活动的形式来推动和传播。但要把倡导的新文化渗透到管理过程中，变成人们的自觉行动，制度则是最好的载体之一。人们普遍认同一种新文化可能需要经过较长时间，而把文化"装进"制度，则会加速这种认同过程。当行业中的先进文化或管理者倡导的新文化已经超越制度文化的水准，这种文化又会催生出新的制度。一方面，制度再周严也不可能凡事都规定到，但文化时时处处都能对人们的行为起约束作用。另一方面，虽然制度永远不可能代替文化的作用，但是也不能认为文化管理可以替代制度管理。由于人的价值取向的差异性和对组织目标认同的差异性，要想使个体与群体之间达成协调一致，仅靠文化管理是不行的。实际上，在大生产条件下，没有制度，即使人的价值取向和对组织的目标有高度的认同，也不可能达成行动的协调一致。制度与文化又有很多不同，如表现形式不同，演进方式不同、概念不同等。

问题三十五：国家电网有限公司供电服务"十项承诺"的内容是什么？

国网公司供电服务"十项承诺"内容如下所示。

第一条 电力供应安全可靠。城市电网平均供电可靠率达到99.9%，居民客户端平均电压合格率达到98.5%；农村电网平均供电可靠率达到99.8%，居民客户端平均电压合格率达到97.5%；特殊边远地区电网平均供电可靠率和居民客户端平均电压合格率符合国家有关监管要求。

第二条 停电限电及时告知。供电设施计划检修停电，提前通知用户或进行公告。临时检修停电，提前通知重要用户。故障停电，及时发布信息。当电力供应不足，不能保证连续供电时，严格按照政府批准的有序用电方案实施错避峰、停限电。平均供电可靠率和居民客户端平均电压合格率符合国家有关监管要求。

第三条 快速抢修及时复电。提供24小时电力故障报修服务，供电抢修人员到达现场的平均时间一般为：城区范围45分钟，农村地区90分钟，特殊边远地区2小时。到达现场后恢复供电平均时间一般为：城区范围3小时，农村地区4小时。

第四条 价费政策公开透明。严格执行价格主管部门制定的电价和收费政策，及时在供电营业场所、网上国网App（微信公众号）、"95598"网站等渠道公开电价、收费标准和服务程序。

第五条 渠道服务丰富便捷。通过供电营业场所、"95598"电话（网站）、网上国网App（微信公众号）等渠道，提供咨询、办电、交费、报修、节能、电动汽车、新能源并网等服务，实现线上一网通办、线下一站式服务。

第六条 获得电力快捷高效。低压客户平均接电时间：居民客户5个工作日，非居民客户15个工作日。高压客户供电方案答复期限：单电源供电15个工作日，双电源供电30个工作日。高压客户装表接电期限：受电工程检验合格并办结相关手续后5个工作日。

第七条 电表异常快速响应。受理客户计费电能表校验申请后，5个工作日内出具检测结果。客户提出电表数据异常后，5个工作日内核实并答复。

第八条 电费服务温馨便利。通过短信、线上渠道信息推送等方式，告知客户电费发生及余额变化情况，提醒客户及时交费；通过邮箱订阅、线上渠道下载等方式，为客户提供电子发票、电子账单，推进客户电费交纳"一次都不跑"。

第九条　服务投诉快速处理。"95598"电话（网站）、网上国网 App（微信公众号）等渠道受理客户投诉后，24 小时内联系客户，5 个工作日内答复处理意见。

第十条　保底服务尽职履责。公开公平地向售电主体及其用户提供报装、计量、抄表、结算、维修等各类供电服务，并按约定履行保底供应商义务。

问题三十六：国家电网有限公司员工服务"十个不准"的内容是什么？

第一条　不准违规停电、无故拖延检修抢修和延迟送电。

第二条　不准违反政府部门批准的收费项目和标准向客户收费。

第三条　不准无故拒绝或拖延客户用电申请、增加办理条件和环节。

第四条　不准为客户工程指定设计、施工、供货单位。

第五条　不准擅自变更客户用电信息、对外泄露客户个人信息及商业秘密。

第六条　不准漠视客户合理用电诉求、推诿搪塞怠慢客户。

第七条　不准阻塞客户投诉举报渠道。

第八条　不准营业窗口擅自离岗或做与工作无关的事。

第九条　不准接受客户吃请和收受客户礼品、礼金、有价证券等。

第十条　不准利用岗位与工作便利侵害客户利益、为个人及亲友谋取不正当利益。

供电服务"十个不准"是国网公司对员工服务行为规定的底线，是不能逾越的"红线"。

问题三十七：国家电网有限公司"一体四翼"的内容是什么?

新时代我国经济发展的基本特征，就是由高速增长阶段转向高质量发展阶段。推进高质量发展也是国网公司"十四五"乃至更长时期发展的主题。

国网公司党组以习近平新时代中国特色社会主义思想为指导，学习贯彻党的十九届五中全会和中央经济工作会议精神，贯彻"四个革命、一个合作"能源安全新战略，立足新发展阶段、践行新发展理念、服务新发展格局，积极服务碳达峰、碳中和目标，推动构建以新能源为主体的新型电力系统，落实国有经济布局优化和结构调整要求，围绕建设具有中国特色国际领先的能源互联网企业战略目标，2021年初国网公司"两会"提出"一业为主、四翼齐飞、全要素发力"发展总体布局（简称"一体四翼"发展布局），为公司实现高质量发展提供了战略指引。

"一体四翼"指的是以电网业务为主体，以金融业务、国际业务、支撑产业、战略性新兴产业为四翼。

坚持"一体四翼"发展布局，是坚决贯彻中央部署、进一步聚焦主责主业的需要。近年来，党中央、国务院对中央企业聚焦主责主业作出一系列部署并提出明确要求。公司坚决贯彻落实，确立"一体四翼"发展布局，就是要牢记初心使命，进一步突出主责主业，坚持有进有退、有所为有所不为，着力推动技术、人才、资金等资源向主业集中，在为党尽责、服务大局中充分发挥央企"顶梁柱""顶得住"作用，切实当好主责主业突出、功能作用显著、有力支撑经济社会发展的国家队。

坚持"一体四翼"发展布局，是深入实施公司战略、不断做强做优做大的需要。如期实现公司"十四五"发展的战略目标，关键要抓纲带目、科学统筹，进行前瞻性思考、全局性谋划、战略性布局、整体性推进。确立"一体四翼"发展布局，既有利于明确各类业务的发展定位，实现固根基、扬优势、补短板、强弱项，也有利于强化协同运作，推进各业务板块优势互补、相互支撑、相互赋能，形成"一盘棋"格局，全面增强竞争力、创新力、控制力、影响力和抗风险能力。

坚持"一体四翼"发展布局，是确保国有资产保值增值、实现公司基业长青的需要。依靠改革、创新、新生产要素投入，实现电网业务提质升级，是公司可持续发展的必由之路。面向未来，金融业务、国际业务、支撑产业、战略性新兴产业要实现更有质量、更高水平的发展，也必须在增强核心能力上下功夫。确立"一体四翼"发展布局，明确"全要素发力"，既要保持合理必要的投资强度，又要更加重视知识、技术、管理、数据等新要素赋能，培育和壮大新的增长动能。

推进"一体四翼"发展布局实施，要突出高质量发展这个主题，加快从规模速度为主转向质量效率为要，从增量扩能为主转向调整存量、做优增量并举；要强化解放思想这个先导，按照新定位新要求，与时俱进调整思路方法，用新发展理念引领发展实践，着力提升发展整体效能；要牵住发展规划这个牛鼻子，坚持战略统领、规划引导，切实发挥规划在推动"一体四翼"发展布局落地中的重要作用；要抓住上下联动这个发力点，做到各司其职、各负其责，齐抓共管、形成合力，共同推动各项部署落实见效；要用好绩效考核这个指挥棒，突出提质增效、绿色发展、创新驱动、风险防范，充分发挥考核在推动公司高质量发展中的导向作用。

注：以上部分内容摘自《国网时评：坚持"一体四翼"发展布局 推动公司行稳致远基业长青》。

问题三十八：什么是企业精神文化？

了解企业精神文化，我们要知道三个方面内容，一是企业精神文化的含义，二是企业精神文化的内容，三是企业精神文化的作用。

1. 企业精神文化的含义。企业精神文化是用以指导企业开展生产经营活动的各种行为规范、群体意识和价值观念，是以企业精神为核心的价值体系。集中体现在一个企业独特的、鲜明的经营思想和个性风格，反映着企业的信念和追求，是企业群体意识的集中体现，是企业意识形态的总和。

2. 企业精神文化的内容。企业精神文化是企业的上层建筑，它包括企业精神、企业经营哲学、企业伦理道德、企业价值观、企业风貌等内容，是企业意识形态的总和。

3. 企业精神文化的作用。企业精神文化是企业文化的核心。一方面，企业文化是一个大的系统结构，居于系统核心的精神文化方面主导和决定着其他文化的变化和发展；另一方面，又是其他文化的结晶和升华。企业精神文化是一股无形的力量，能对企业员工的精神面貌产生持久的作用，并且通过制度文化的渠道造就对行为文化的影响，以此来促进企业制度文化的发展。同时，企业的精神文化是在企业的生产经营活动中产生的，是企业行为文化的结晶，能对企业职工的精神面貌产生作用，并且通过文化系统中的行为文化，来促进企业物质文化的增长。

问题三十九：什么是企业精神？

企业精神是现代意识与企业个性相结合的一种群体意识。每个企业都有各自特色的企业精神，它往往以简洁而富有哲理的语言形式加以概括，通常通过厂歌、厂规、厂徽等形式形象地表现出来。

一般地说，企业精神是企业全体或多数员工共同一致，彼此共鸣的内心态度、意志状况和思想境界。我们对"人总是要有一点精神"这句话并不陌生。因为精神就是一个人的生活支柱，如果人没了精神，他就会颓废甚至无法生存。对企业来讲，精神也同样重要。它可以使企业有一种激励人、规范人、吸引人的魅力。它能使职工看到企业和个人的发展前途。它可以激发企业员工的积极性，增强企业活力。企业精神作为企业内部员工群体心理定式的主导意识，是企业经营宗旨、价值总则、管理信条的集中体现，它构成企业文化的基石。

企业精神源于企业生产经营的实践之中，企业精神总是要反映企业的特点，它与生产经营不可分割，不仅能动地反映与企业生产经营密切相关的本质特征，而且鲜明地显示出企业的经营宗旨和发展方向。它能较深刻地反映企业的个性特征和它在管理上的影响，促进企业的发展。

企业的发展需要全体员工具有强烈的向心力，将企业各个方面的力量集中到企业的经营目标上去。企业精神恰好能发挥这方面的作用。人是生产力中最活跃的因素，也是企业经营管理中最难把握的因素，现代管理学特别强调人的因素和人本管理，其最终目标就是试图寻找一种先进的、具有代表性的共同理想，将企业全体员工团结在企业精神的旗帜下，最大限度地发挥人的主观能动性。企业生产经营活动的各个方面和各个环节处处渗透着企业精神，给人以理想、以信念，给人以鼓励、以荣誉，也给人以约束。

企业精神一旦形成群体心理定式，既可通过明确的意识支配行为，也可通过潜意识产生行为。其信念化的结果，会大大提高员工主动承担责任和修正个人行为的自觉性，从而员工会主动地关注企业的前途，维护企业的声誉，为企业贡献自己的全部力量。

从企业运行过程可以发现，企业精神是具有共性的，一般来说企业精神具有以下基本特征。

1. 它是企业现实状况的客观反映。企业生产力状况是企业精神产生和存在的依据，企业的生产力水平对企业精神的内容有着根本的影响。很难想象在生产力低下的经济条件下，企业会产生表现高度发达的商品经济观念的企业精神，同样，正确反映现实的企业精神，才能起到指导企业实践活动的作用。企业精神是企业现实状况、现存生产经营方式、员工生活方式的反映，这是它最根本的特征。离开了这一点，企业精神就不会具有生命力，也发挥不了它应有的作用。

2. 它是全体员工共同拥有、普遍掌握的理念。只有当精神成为企业内部的一种群体意识时，才可被认为是企业精神。企业的绩效不仅取决于它自身有一种独特的、具有生命力的企业精神，而且还取决于这种精神在企业内部的普及程度，取决于是否具有群体性。

3. 它是稳定性与动态性的统一。企业精神是对员工中存在的现代生产意识、竞争意识、文明意识、道德意识以及企业理想、目标、思想面貌的提炼和概括，从它所反映的内容和表达的形式看，都具有稳定性。但同时，形势又不允许企业以一个固定的标准为目标，竞争的激化、时空的变迁、技术的飞跃、观念的更新、企业的重组，都要求企业做出与之相适应的反应，这就反映出企业精神的动态性。稳定性和动态性的统一，使企业精神不断趋于完善。

4. 具有独创性和创新性。每个企业的企业精神都应有自己的特色和创造精神，这样才可使企业的经营管理和生产活动更具有针对性，让企业精神充分发挥它的统帅作用。企业财富的源泉蕴藏在企业员工的创新精神中，企业家的创新体现在他的战略决策上，中层管理人员的创新体现在他怎样调动下属的劳动热情上，工人的创新体现在他对操作的改进、自我管理的自觉性上。任何企业的成功，无不是其创新精神的结果。如日本日立公司的"开拓者精神"，重庆铁路分局的"改革奋进"精神等，这些企业都取得了耀眼的成功。因此从企业发展的未来看，独创和创新精神应当成为每一个企业的企业精神的重要内容。

5. 要求务实和求精精神。企业精神的确立，旨在为企业员工指出方向和目标。所谓务实，就是应当从实际出发，遵循客观规律，注重实际意义，切忌凭空设想和照抄照搬。如美国杜邦公司的企业精神是"通过化学为人们的生活提供更好的商品"，表明了杜邦公司的经营特色和独具个性的理念。我国在 20 世纪 50 年代也有过鞍钢的爱厂如家的"孟泰精神"，60 年代有过"三老四严，四个一样"的"大庆精神"等。

求精精神就是要求企业经营上高标准、严要求，不断致力于企业产品质量、服务质量的提高。在现代强手如林的市场竞争中，质量和信誉是关系企业成败的关键因素。一个企业要想得到长期稳定的发展，永远保持旺盛的生命力，就必须发扬求精精神。

6. 具有时代性。企业精神是时代精神的体现，是企业个性和时代精神相结合的具体化。优秀的企业精神应当能够让人从中把握时代的脉搏，感受到时代赋予企业的勃勃生机。在发展市场经济的今天，企业精神应当渗透着现代企业经营管理理念、确立消费者第一的观念、灵活经营的观念、市场竞争的观念、经济效益的观念等。每个企业培养自身企业精神时应把充分体现时代精神作为重要内容来抓。

问题四十：什么是企业经营哲学？

"哲学"一词源自希腊语，中文译为"热爱智慧"，它起源于古希腊哲学家泰勒斯提出的哲学命题"实际的本原是什么"，后来在苏格拉底、柏拉图以及亚里士多德等哲学家的推动下，"哲学"的边界不断扩大，概念也渐深化。简而言之，哲学是一种智慧而非知识，正如赫拉克利特所言，博学并不能使人智慧，智慧只在于一件事，就是认识善于驾驭一切的思想，简而言之，哲学是一种理论化、系统化的思想体系，是人类从实践中产生而又反过来指导实践的思想智慧。在中国传统哲学中并无"哲学"一词，汉语中的"哲学"最早译于日本近代启蒙思想家西周的《百一新论》，中国近代较早从事哲学研究的胡适将其概括为"凡研究人生切要的问题，从根本上着想，要寻求一个根本的解决：这种学问叫作哲学。"而后冯友兰在《中国哲学简史》中明确提出了哲学的概念，即"人类精神对于科学研究这种精神活动的反思"。比之于"哲学"，"企业"一词（Enterprise）在中国出现得稍迟，汉语中的"企业"也是从日语翻译过来的词汇，《现代汉语词典》将其解释为从事生产、运输、贸易等经济活动的部门，如工厂、矿山、铁路、公司等，但作为一个学术概念，不同领域的学者对于企业的内涵有着不同的理解和阐释，在经济学中，企业一般是指以特定利益为目的，从事商品生产、流通或服务，为满足社会需要而进行自主经营、自负盈亏、独立核算的社会经济组织。现代企业是科学技术与生产力协同发展到一定阶段的产物，之所以将企业和哲学融为一体，是出于管理学家不满足以泰罗为代表的科学管理学派仅仅解决科学管理实践中的方法问题，故试图将管理科学擢升为一种专门研究管理本质、管理意义与管理规律的科学哲学。所谓"企业经营哲学"，是指在企业生产、经营、管理过程中表现出来的世界观和方法论，是企业开展各种活动、处理各种关系所遵循的总体思路和综合方法，是企业行为的根本指导思想，它反映着企业对发展经济的历史使命与社会责任的认识和态度，研究企业管理主体与客体的辩证关系，阐明企业活动与外部环境的关系，揭示企业的运行规律和管理的内在规律，它的根本任务就是解决企业中人与人（雇主和雇员，管理者与被管理者，消费者与生产者，企业利益与职工利益，局部利益与整体利益，当前利益与长远利益，企业与企业之间相互利益）、人与物（产品质量与产品价值，职工操作规范、技术开发与改造、标准化、定额、计量信息、情报、计划、成本、财务等）、人与经济规律的关系问题。处理这些关系中形成的企业经营哲学，一方面与民族文化传统有关，另一方面与特定时期的社会生产、特定的经济形态及国家经济体制有关。

企业经营哲学还与企业文化背景有关。一个企业在确立自身的经营哲学时，必须考虑到企业文化背景对企业的影响力。外向型企业、跨国公司跨国经营更需要重视这一点。东西方民族文化传统不同，在企业经营中，从方法到理念上存在着明显的差异。欧美国家的企业受其文化传统影响，崇尚个人的价值，追求利润最大化。他们崇尚天马行空、独来独往式的英雄，崇尚个人奋斗和竞争；在管理中比较强调"理性"管理，强调规章制度，管理组织架构、契约等。而东方文化圈的企业更强调"人性"的管理，如强调人际关系、群体意识、忠诚合作的作用；强调集体的价值——团队精神、对公司的忠诚、产业发展战略以及推动经济增长的产业政策。一个以理性为本，一个以情感为本，两种文化传统形成鲜明的对比，从而也形成两种不同的企业经营哲学。

问题四十一：什么是企业价值观？

　　企业价值观，是指企业在追求经营成功过程中所推崇的基本信念和奉行的目标。从哲学上说，价值观是关于对象对主体有用性的一种观念。而企业价值观是企业全体或多数员工一致赞同的关于企业意义的终极判断。

　　这里所说的"价值"是一种主观的、可选择的关系范畴。事物是否具有价值，不仅取决于它对什么人有意义，而且还取决于是谁在做判断。不同的人很可能做出完全不同的判断。如一个把"创新"作为本位价值的企业，当利润、效率与"创新"发生矛盾时，它会自然地选择后者，使利润、效率让位。同样，另一些企业可能认为："企业的价值在于致富""企业的价值在于利润""企业的价值在于服务""企业的价值在于育人"。那么，这些企业的价值观分别可称为"致富价值观""利润价值观""服务价值观""育人价值观"。

　　在西方企业的发展过程中，企业价值观经历了多种形态的演变，其中最大利润价值观、经营管理价值观和企业社会互利价值观是比较典型的企业价值观，分别代表了三个不同历史时期西方企业的基本信念和价值取向。

　　当代企业价值观的一个最突出的特征就是以人为中心，以关心人、爱护人的人本主义思想为向导。过去，企业文化也把人才培养作为重要的内容，但只限于把人才的培养作为手段。发达国家的一些企业非常强调在员工技术训练和技能训练上投资，以此作为企业提高效率、获得更多利润的途径。这种做法，实际上是把人作为工具来看待，所谓的培养人，不过是为了改进工具的性能，提高使用效率罢了。当代企业的发展趋势已经开始把人的发展视为目的，而不是单纯的手段，这是企业价值观的根本性变化。企业能否给员工提供一个适合人的发展的良好环境，能否给人的发展创造一切可能的条件，这是衡量一个当代企业或优或劣，或先进或落后的根本标志。德国思想家康德曾指出：在经历种种冲突、牺牲、辛苦斗争和曲折复杂的漫长路程之后，历史将指向一个充分发挥人的全部才智的美好社会。随着现代科学技术的发展，21世纪文明的真正财富，将越来越表现为人通过主体本质力量的发挥而实现对客观世界的支配。这就要求充分注意人的全面发展问题，研究人的全面发展，无论对于企业中的人，还是对全社会，都有着极其重要的意义。

具有新时代特征的价值观应该包括以下内容：

1. 人本观。尊重作为企业主体的人，重视企业生产经营中人的重要性，发挥人的积极性、创造性，把人作为世界上最可贵的资源，是企业价值观的首位。

2. 知识观。知识经济时代，知识的价值已不言而喻，"知本家"和"知识工人"的出现，更使企业知识观念发生根本性的转变。尊重知识、学习知识、运用知识，以知识为资本以知识为谋生手段已被人所共识。

3. 信息观。科技的高速发展，特别是信息技术的发展极大地推动生产力的迅猛提高和经济迅速飞跃。信息资源已与能源材料等自然资源并列为人类的重要资源，成为影响综合国力和国际竞争的主要因素。更多的人已经能够运用信息技术和资源短时间迅速致富，而这在过去是从来没有的。

4. 竞争观。产品迅速更新换代；设计和产品生命周期变短；以价格和适销对路为基础的竞争十分激烈；企业尝试满足顾客需要的新方法等，使新世纪的企业进入超强竞争时期，企业必须向顾客提供优于其竞争对手的服务，必须做一些使其竞争对手不能或不会作出反应，甚至不会理解的事。靠质量、技能和市场壁垒而长期保持竞争优势的日子一去不复返。

5. 发展观。在21世纪，企业需要对"发展"的价值观念进行反思。这是因为经济发展的新模式已不是集中工业化，而是出现许多小型企业即松散的能赋予个人创造他们自己的可持续发展的未来的小型企业。很多企业都将经历从集中控制走向自由分散的逆转历史过程，人们将以更富创造性的方式进行工作和学习。

6. 卓越观。卓越表现一个人或一个企业有能力和无止境地学习，有能力以积极的方式适应所在环境，不断地获得进步。追求卓越，已成为21世纪的企业家善于学习、克服自满、反躬自省、一心向上，塑造自我的高境界的价值观。

7. 风险观。随着知识经济的到来，世界企业开始新的变革，面对信息技术革命等一系列新发展的冲击，企业的工作环境和工作内容都将彻底改变。由于人们对新科技的接纳程度不同，社会上可能出现前所未有的不一致。同时由于现有法律无法规范日新月异的新科技，使企业发展面临更多的风险。未来对于企业到底是危机还是转机，就看我们采用什么样的价值观采取什么样的行动。

8. 民族观。民族观即为中华民族争光的价值观，把企业的一切生产经营活动，置于中华民族的地位、中华民族的声誉、中华民族的精神的大目标之下，创中华民族新世纪之辉煌。

问题四十二：什么是企业伦理道德？

企业伦理道德属于一种意识形态，是企业及其员工在生产、管理和经营等活动中所应遵循的道德规范和行为准则的总和，它是靠道德的力量建立起以个人理想、信念为核心的自我约束机制，用以规范员工的行为，调节企业员工之间、部门之间以及企业和社会之间的关系。企业伦理道德以其说服力和劝导力提高员工的思想认识水平和道德觉悟水平，使员工从内心深处树立起为企业贡献的各种现代化观念，并自觉使自己的行为符合企业伦理道德的要求。

如果企业仅以强制性的制度对员工进行约束，势必造成生产经营和资源配置的扭曲、僵化，使企业走上畸形的发展道路。而企业伦理道德具有柔性，能在企业制度触及不到的地方发挥作用，调节不同成员在企业活动中的非正式关系，影响员工的行为。所以，企业伦理道德建设能弥补制度控制的不足，提高控制的有效性。事实上，企业伦理道德建设也是一种事前控制的手段。由于环境的变化，企业的层级之间、工作团队之间的关系要发生相应的变化，企业已不可能对每个工作单元每一时刻进行全面控制。在这种情况下，员工的行为在一定程度上取决于个人道德素质的高低，加强企业伦理道德建设有利于提高员工的个人道德素质，可以起到事前控制的作用。

企业伦理道德是企业文化的重要内容，它与企业的精神、价值观念、经营理念等同样重要。企业伦理道德内容十分丰富，主要内容可以概为"信、仁、礼"。

1. 诚信为本。

"诚信乃为人之本"，企业亦如此。常言道："诚招天下客""信以导利"，一个人没有信誉，不能立身处世，同样，一个企业若失去信誉，也无法得到发展。一个企业的信誉包括企业与社会之间的信誉、企业与企业之间的信誉、企业与消费者之间的信誉以及企业与职工之间的信誉、职工与职工之间的信誉等。

信誉是无形的财富，坚持以诚信为本就能获得信誉，这也是企业获得成功的根本。然而，信誉是经过多年辛勤培养的结果，要做到诚信，除了建立一套企业诚信机制，遵循以诚为本的行为规范，更重要的是，企业全体员工能树立起集体荣誉感，自觉地维护企业的诚信形象。

2. 仁爱之心。

仁爱之心首先是一种社会责任和义务。为社会做出贡献也正是体现了一个人的人生价值。作为企业，除了谋求企业发展，尽其社会责任和义务便是其另一个重要目标。公司的企业宗旨、使命、质量方针等理念无不体现出这种奉献精神。对一个企业来说，是否具有仁爱之心，首先看是否提供优质的产品和优质服务，因此，企业的员工有责任认真做好各自的本职工作，敬业奉献，共同为提高企业的社会形象而努力。

仁爱思想同时也是企业内部加强团结和增强凝聚力的基础。现代企业不再是物的堆积而是人的集合，企业内部的上下级关系，职工与职工之间的关系是关系到一个企业内部是否具有生命力的重要条件，人与人之间应互相关心、帮助、合作，共同创造一个心情舒畅、和谐互爱的企业内部环境。

3. 齐之以礼。

在企业经营过程中，常常要面临各种各样的对外、对内联系，对外例如与顾客的交往，与供应商的交往，与政府行政部门的交往等，对内则主要体现为上、下级之间，职工之间的工作协作。保持礼貌可以让公司成员的沟通协作顺利地进行，而且能在双方之间营造出愉快的气氛，尤其是对外联系时，礼仪更是对外塑造良好企业形象的前提。

在日常工作中，齐之以礼首先表现在相互尊重，尤其是尊重他人的劳动成果。企业组织由一群不同级位、有不同专长的人有机地团聚在一起，每一位都很重要，公司的许多工作都是在别人的协作与帮助下才得以完成的。礼仪可以在组织中营造出一个融洽无间的工作环境，是企业组织正常运转的润滑剂。

在企业的社会生活中，企业伦理道德影响作用表现在诸多方面。从其道德底线来说，在企业的政治生活领域中，应遵守我国宪法和其他有关法律的规定，坚持社会主义制度和中国共产党的领导。在企业产品的生产和消费过程中，不发生与社会制度相抵触的现象。例如，拒绝并抵制邪教组织等书刊的印刷、销售和宣传等。在经济生活领域中，遵守市场经济秩序，不制假传假、偷税骗税、欺诈、逃废债务等。在社会文化生活领域中，企业产品的生产和消费不发生不利于社会稳定和发展的行为。例如，不生产"毒、赌、黄"产品，不提供相关服务等。在生态环境生活领域中，企业产品的生产和消费，不破坏生态平衡。例如，依法控制"三废"排放，保护稀有动植物资源等。在上述企业社会生活额城中，企业伦理道德的作用在于，它能够以企业伦理道德的底线为基准，对企业生产经营行为进行基本的道德自我控制即道德自律，使企业遵循着伦理道德建设的一般规律。诸如，确立正确的道德规范，营造积极的舆论氛围，树立优秀的楷模，开展思想道德教育，以及建立相应的激励与约束机制等。

问题四十三：什么是企业风貌？

企业风貌包括企业风格和企业面貌两方面的内容。企业风格可以分为拼搏风格、协作风格、民主风格、守法风格等；企业面貌是指企业的外部状况及表象特征。良好的企业面貌表现为文明的生产、优美的环境、健康多彩的业余生活、浓烈的学习气氛、团结和睦的氛围等。企业风格和企业面貌是企业精神实质的突出表现，是企业文化的综合表现。

企业风貌主要表现在以下两个方面：（1）在企业的思想境界中。思想境界是企业的灵魂，决定着企业的风貌。许多企业以崇高的思想境界体现了自己的独特风貌。例如，长城钢铁公司把其企业风貌概括为党风、厂风和民风。党风是吃苦在前，享乐在后；联系群众，当好公仆；廉洁奉公，作风正派；坚持真理，勇于牺牲。厂风是秩序纪律，文明礼貌，团结和谐，竞争效率。民风是尊老爱幼，邻里和睦，勤劳俭朴，清洁卫生，爱护公物、拾金不昧，排忧解难，见义勇为。（2）在企业领导和员工的思想作风和工作作风上。企业员工的作风，特别是领导班子和经营管理人的思想作风和工作作风，是企业风貌的重要反映。勤奋工作、顽强创业、无私奉献的思想作风和精益求精、尽职尽责、求真务实、高效快捷的工作作风对于一个企业的发展至关重要。此外企业风貌还表现在企业的典礼上以及企业的外部形象上。

问题四十四：如何建设企业精神文化？

企业精神文化是企业意识形态的总结，是企业物质文化的升华。其建设情况直接决定着企业文化建设发展情况。古人提出"天时不如地利，地利不如人和"。行军打仗如此，管理企业亦然。海尔员工收入并不高，但员工们敬业奉献，追求卓越的积极性与创造性却是其他企业无法比较的，也是张瑞敏最为津津乐道的。张瑞敏说，人的素质是海尔过去成功的根本，今后我们面临的挑战也是人的素质问题，你能把许多人的力量聚合起来，这个企业就成功了。这句话充分说明了企业精神文化建设的重要性。

（一）树立以人为本的企业价值观

企业文化建设是现代管理的重要组成部分。现代管理理论认为，人在管理中具有双重地位，既是管理者又是被管理者。管理过程各个环节的主体都是人，人与人的行为是管理过程的核心。因此，"以人为中心是现代管理发展的最重要趋势"。

企业文化理论正是顺应这一趋势而诞生的一种崭新的管理理论，其中心思想就是"以人为中心"。因而，它就自然地成为现代管理的重要组成部分。

一个企业，其物力财力信息资源都是有限的，而人力资源的开发则永无止境。在我国生产力水平落后，资金原材料等资源紧缺而人力资源又极丰富的情况下，开发、管理好人力资源，企业的效益就能提高。

"以人为本"，其核心就是通常所说的尊重人、爱护人、理解人、关心人，把企业经营管理的全部工作和整个过程都纳入以人为中心的轨道上来，始终坚持人是企业的主体和财富。具体来说，可从以下三点来理解。

第一，目的与手段的统一。人作为企业经营管理的目的与手段，在传统意义上是被分割开来的。而作为新型管理理论的企业文化则不然，它对待企业中的人不仅是从经济角度、经营目的和经营手段及其主次关系上去考察，而且是从政治、经济、文化及道德等各个角度进行全方位的动态的考察。因为人是具有社会性和复杂性的高级思维动物。他们既要衣食住行，又要根据自身的能力进行实践和创造，同时他们还是有血肉之躯富于情感的人，因而他们自然就要求并希望能在一种和谐愉快而又富有朝气的环境中进行工作和生活。只有重视人的这些基本需求，并竭尽全力使之得到满足，才能实现人是企业经营管理的目的与手段相统一的文化管理。

第二，人本与人力的统一。传统管理理论重物不重人，将人视为能为其带来利润和财富的"工具人""经济人"和"社会人"。人没有也不可能被看作是企业的主体和主人，而仅仅被看成是"劳动力"或"人力"。而作为新型管理哲学的企业文化，它强调"以人为中心"，不是把人仅仅局限于经济领域和经营管理角度来看待，也不是不承认"人力"在企业中的作用，而是把人看作企业的主体和主人，"以人为本"的管理思想主张重人又重物，目标在于实现人本与人力的内在统一。

第三，营利与奉献的统一。建设企业文化要"以人为中心"，以人本文化开发为其主线。但这里的"人"，是具有多元价值取向的"人"。因而作为企业主体的人就不再是单纯为企业追求营利和物质财富而工作，同时还有比之更高的目的追求，即还要为企业创造社会价值和社会财富。因此，企业既要力争营利，同时又要尽力为社会做奉献，从而实现经济与文化、营利与奉献的科学统一。

（二）确立以市场为导向的企业经营哲学

市场是企业经营管理的出发点和归宿，是企业一切管理活动的依据，也是企业经营哲学的核心。企业家在确立以市场为导向的企业经营哲学的过程中，为适应信息化的社会，必须强化对全体员工的学习、教育和培训。学习对于现代化企业的经营管理是至关重要的。列宁说过："我们不能设想，除了建立在庞大的资本主义文化所获得的一切经验教训的基础上的社会主义以外，还有别的什么社会主义。""我们无产阶级政党如果不去向资本主义的第一流专家学习组织托拉斯大生产的本领，那么这种本领便无从获得了。"这种学习教育和培训不是单一的，而是复合式的；不是单向的，而是多向的；不是单线受动的，而是多线互动的。

所有成功的企业，它所确立的经营哲学都是从外到内，依据市场情况决定的。以市场为中心进行管理定位，不是一种简单的、线性的、因果式的关系，而是一种交互式的关系。市场的现实需求需要企业通过市场调查和分析确定各种需求的内容和边界，优化生产要素，调动企业力量，调整企业管理方式，以求满足需求。市场的潜在需求则需要企业在市场调查和分析的基础上发挥创造力和想象力，把握技术的发展动向，预测市场潜力，进行风险决策，调动企业力量，优化生产要素，调整生产管理方式，以创造需求。

无论是满足需求还是创造需求，企业必须建立与市场间强有力的联系渠道，建立快速、准确的市场信息系统。现代企业通过多元渠道建立企业市场信息系统已成为企业经营哲学的一项重要内容。在企业内部，最初的市场信息渠道主要是销售部的信息反馈；在企业外部，企业获得市场信息最初主要靠市场调查机构。但是，调查机构的分析主要是统计学的、初步的。随着市场的差别化、细分化，市场需求的变化越来越复杂，统计学调查结果往往比较简单，特别是它对科学技术发展与市场需求的关系，社会政治文化发展与市场需求的关系等复杂的情况无法做出深刻的评价，对企业重大决策起不了直接的指导作用，因此，企业越来越依靠咨询公司来进行市场分析并提出完整的策略建议，作为企业管理决策的依据。

（三）培养参与、协作、奉献的现代企业精神

在当代社会，参与、协作、奉献已成为现代企业员工值得倡导的一种意志状况和思想境界。各企业在提炼自身企业精神时可作为参考。

1. 参与精神。

强调参与，是企业兼顾满足员工各种需求和企业效率效益要求的基本理念。员工通过参与企业管理，发挥聪明才智，得到比较高的经济报酬，改善了人际关系，实现了自我价值。而企业则由于员工的参与，改进了工作，提高了效率，从而实现更高的效益目标。

根据日本公司和美国公司的统计，实施参与管理可以大大提高经济效益（一般都可以提高 50% 以上，有的可以提高一倍至几倍），增加的效益一般有 1/3 作为奖励返还给员工，2/3 作为企业增加的资产投入再生产。

在实施员工参与管理的过程中，要特别注意引导，要反复把企业当前的工作重点、市场形势和努力的主要方向传达给员工，使员工的参与具有明确的方向性。有些企业家对潮水般涌来的建议和意见不知如何处理，这主要是他们自己对企业的经营方向、管理目标缺乏目的性和计划性，不知道如何引导员工有计划分阶段地实施重点突破。实施参与管理还要有耐心。在实施参与管理的开始阶段，由于管理者和员工都没有经验，参与管理会显得有些杂乱无章，企业没有得到明显的效益，甚至出现效益下降。管理者应及时总结经验、肯定主流，把实情告诉员工，获得员工的理解，尽快提高参与管理的效率。

实施参与管理要根据员工知识化程度和参与管理的经验采取不同方式。在参与管理全过程中一般可分为如下三个阶段。

（1）控制型参与管理。

针对员工知识化程度较低、参与管理经验不足的情况，采用控制型参与管理。它的主要目标是希望员工在经验的基础上提出工作中的问题和局部建议，经过筛选后，由工程师和主管人员确定解决方案并组织实施。提出问题阶段是由员工主导的，解决问题阶段主导权控制在工程师和主管人员手中。美国、日本、德国等国企业中的参与管理很多是采用这种模式，这种模式的长处在于它的可控性，但由于它倾向于把参与管理的积极性控制在现有的标准、制度范畴之内，因而不能进一步发挥员工的聪明才智。

（2）授权型参与管理。

针对员工知识化程度较高、有相当参与管理经验的情况，采用授权型参与管理的主要目标是希望员工在知识和经验的基础上，不但提出实施，而且制定具体实施方案，在得到批准后被授予组织实施的权力，以员工为主导完成参与和改革的全过程。美国高技术制造业和高智能服务业的员工知识化水平较高，因此，多采用这种模式。

（3）全方位参与管理。

它不限于员工目前所从事的工作，员工可以根据自己的兴趣、爱好，对自己工作范围以外的其他工作提出建议和意见。企业提供一定的条件，帮助员工从事自己喜爱的工作并发挥创造力。就人性而言，每个人都有自己的长处和短处，只要找到适合自己的工作并努力去做，每个人都将成为卓越的一员，企业家的职责就是帮助人们找到适合自己的工作岗位，然后鼓励他们努力去做。日本企业家盛田昭夫说，企业家最重要的任务是培育起员工之间的健康关系，在公司中产生出宽容的态度，让员工找到更适合自己的工作。允许员工每两年或多少时间内可以调换一次工作，创造一个毛遂自荐的机会，是发掘人才的重要途径，如果能让员工自由选择自己所爱好的工作，那么他们一旦成功，就会精力充沛地投入这项工作。

2. 协作精神。

协作是大生产的基本要求，它不仅能放大整体价值，也能更好地实现个体价值。因此，协作是现代企业精神中的基本要素。

促进协作精神的方法是多种多样的，可以通过工作后的聚餐、郊游等形式来增进同事之间的私人感情，使同事在联系之外加上朋友的关系。日本的企业界，很多经理几乎每天晚上都要和年轻的职员一起聚餐、聊天，直到深夜，这种聚餐已成为日本各公司的普遍做法。在美国，过去有工作后社交的习惯，但一般不是同事，近年来，这种社交活动，逐渐向同事关系扩展。还可以通过非正式组织、团队形式来促进企业职工的协作精神。团队在许多现代企业中已成为促进企业职工协作精神的有效手段和组织形式。美国管理学家哈默指出："团队是一个伟大的创造，是现代企业管理的基础，是重新构建公司的一个基本出发点，具有强大的生命力。"

3. 奉献精神。

奉献精神是与企业社会责任相联系的一种企业精神。它是指在组织企业经济运营过程中，关心整个社会的进步与发展、为社会多做贡献的境界。企业只有坚持公众利益至上，才能得到公众的好评，使自己获得更大的、长远的利益。这就要求企业积极参加社会公益事业，支持文化教育、社会福利公共服务设施等。通过这些活动，在社会公众中树立企业注重社会责任的形象，提高企业的美誉度，强化企业的道德责任感。

讲奉献精神，不光体现在企业对社会的责任感方面，在企业内部，也体现在员工对企业的责任感方面。尽管在等价交换原则和劳动契约制度面前，不能硬性推行无私和无偿奉献，但企业倡导奉献精神，员工践行奉献精神，这不仅对企业有益，对个人也有利，倡导奉献精神能使企业找到企业价值最大化和个人价值最大化的平衡点。

当然，现代企业精神的内容远不止这几个方面，如创新精神、竞争精神、开拓精神、进取精神等都是现代企业精神的突出表现，在中国不发达的市场经济条件下，这些精神同样需要加以倡导。

问题四十五：国家电网有限公司的价值理念体系的内容是什么？

国网公司的价值理念体系由四部分组成：企业宗旨、公司使命、公司定位、企业精神。

一、企业宗旨：人民电业为人民

企业宗旨内涵：国家电网事业是党和人民的事业，要坚持以人民为中心的发展思想，把满足人民美好生活需要作为公司工作的出发点和落脚点。

"人民电业为人民"是老一辈革命家对电力事业提出的最崇高、最纯粹、最重要的指示，体现了国家电网发展的初心所在。

牢记国家电网事业是党和人民的事业，始终坚持以人民为中心的发展思想，深入贯彻创新、协调、绿色、开放、共享的发展理念，着力解决好发展不平衡不充分问题，全面履行经济责任、政治责任、社会责任，做好电力先行官，架起党群连心桥。

二、公司使命：为美好生活充电，为美丽中国赋能

为美好生活充电，就是以更可靠的电力和更优质的服务，持续为客户创造最大价值，助力经济社会发展和人民美好生活。

为美丽中国赋能，就是贯彻落实"四个革命、一个合作"能源安全新战略，主动适应能源革命和数字革命融合趋势，加快电网全面跨越升级，推动能源互联互通，促进建设清洁低碳、安全高效的能源体系，为建设美丽中国贡献力量。

三、公司定位：国民经济保障者 能源革命践行者 美好生活服务者

国民经济保障者，体现公司作为国有重点骨干企业的属性，就是深刻认识国有企业"六个力量"的历史定位，积极履行经济责任、政治责任、社会责任，为经济社会发展提供安全、可靠、清洁、经济、可持续的电力供应，在服务党和国家工作大局中当排头、作表率。

能源革命践行者，体现公司作为能源电力企业的属性，就是深入落实"四个革命、一个合作"能源安全新战略，主动适应能源变革趋势，充分发挥电网枢纽和平台作用，在保障国家能源安全、推动能源转型中发挥骨干作用，成为引领全球能源革命的先锋力量。

美好生活服务者，体现公司作为公用事业企业的属性，就是自觉践行党的根本宗旨，把群众观点、群众路线深深植根于思想中、具体落实到行动上，在满足人民美好生活需要、促进社会文明进步中发挥应有作用。

四、公司的企业精神：努力超越、追求卓越

公司的企业精神简称"两越"精神，是公司和员工勇于超越过去、超越自我、超越他人，永不停步，追求企业价值实现的精神境界。

"努力超越、追求卓越"的本质是与时俱进、开拓创新、科学发展。公司立足于发展壮大国家电网事业，奋勇拼搏，永不停顿地向新的更高目标攀登，实现创新、跨越和突破。公司及员工以党和国家利益为重，以强烈的事业心和责任感，不断向更高标准看齐，向更高目标迈进，精益求精、臻于至善。

问题四十六：国家电网有限公司战略目标的内容是什么？

国网公司战略目标：建设具有中国特色国际领先的能源互联网企业。

"中国特色"是根本，体现为坚持"两个一以贯之"（坚持党对国有企业的领导是重大政治原则，必须一以贯之；建立现代企业制度是国有企业改革的方向，也必须一以贯之）、党的领导有机融入公司治理，体现为坚定不移服务党和国家工作大局，体现为走符合国情的电网转型发展和电力体制改革道路，体现为全面履行政治责任、经济责任、社会责任。

这里强调要服务大局，全面履行政治责任、经济责任、社会责任，区别于对企业追求利润的一般定义。

"国际领先"是追求，致力于企业综合竞争力处于全球同行业最先进水平，经营实力领先，核心技术领先，服务品质领先，企业治理领先，绿色能源领先，品牌价值领先，公司硬实力和软实力充分彰显。

国际领先涉及企业治理、能源发展，显示与同类企业对标的位置。

"能源互联网企业"是方向，代表电网发展的更高阶段，能源是主体，互联网是手段，公司建设能源互联网企业的过程，就是推动电网走向能源互联互通、共享互济的过程，也是用互联网技术改造提升传统电网的过程。

三者有机统一，构成了指引公司发展的航标。

国家电网以电网为基础，全面联通能源。定位是能源企业，而不仅仅是电网。

2020—2025年，基本建成具有中国特色国际领先的能源互联网企业，公司部分领域、关键环节和主要指标达到国际领先，中国特色优势鲜明，电网智能化数字化水平显著提升，能源互联网功能形态作用彰显；2026年至2035年，全面建成具有中国特色国际领先的能源互联网企业。